PAULO FREIRE

FOLHA
EXPLICA

PAULO FREIRE

FERNANDO JOSÉ DE ALMEIDA

PUBLIFOLHA

Editor
Arthur Nestrovski

Coordenação editorial
Camila Saraiva

Assistência editorial
Paula Marconi

Coordenação de produção gráfica
Soraia Pauli Scarpa

Produção gráfica
Mariana Metidieri

Projeto gráfico da coleção
Silvia Ribeiro

Revisão
Maria Sylvia Corrêa e Juliana Bernardino

Editoração eletrônica
Carla Castilho | Estúdio

Capa
© Sergio Tomisaki / Folha Imagem

Imagem
p. 90 © Sergio Tomisaki / Folha Imagem

Dados Internacionais de Catalogação na Publicação (CIP)
(Câmara Brasileira do Livro, SP, Brasil)

Almeida, Fernando José de
Paulo Freire / Fernando José de Almeida. – São Paulo : Publifolha, 2009. – (Folha Explica; v. 81)

Bibliografia.
ISBN 978-85-7914-095-2

1. Aprendizagem 2. Ensino – Métodos 3. Freire, Paulo, 1921-1997 I. Título. II. Série.

09-07216 CDD-370.1

Índices para catálogo sistemático:
1. Freire, Paulo : Pedagogia : Educação 370.1

A grafia deste livro segue as regras do **Novo Acordo Ortográfico da Língua Portuguesa.**

PUBLIFOLHA

Divisão de Publicações do Grupo Folha
Al. Barão de Limeira, 401, 6º andar
CEP 01202-900, São Paulo, SP
Tel.: (11) 3224-2186/2187/2197
www.publifolha.com.br

SUMÁRIO

APRESENTAÇÃO

Paulo Reglus Neves Freire (1921-97) ocupou todos os espaços da imaginação dos educadores na década de 1970, como um verdadeiro Antonio, o Conselheiro, que os conclamava à denúncia e à luta. Sóbrio, com palavras duras e ousadas contra um regime mundial de injustiças, via na educação popular – escolar ou não – o caminho de superação libertária, da conscientização e da luta dos oprimidos.

Insistia que só os oprimidos podiam libertar os opressores. Nunca o contrário. Em qualquer parte do mundo. Mas dava evidência especial aos povos mais ligados a nós, brasileiros, pela similaridade, como os dos países da África e da América Latina.

Nascido e criado num Nordeste sofrido, teve não só o aval de ter vivido na própria pele muitas das cruezas da vida como de ter militado em todos os domínios da educação: da alfabetização de jovens e adultos até a pós-graduação em Currículo, dos movimentos populares e eclesiais aos cargos políticos na terceira maior cidade do mundo.

A maior contribuição teórica de Paulo Freire foi ter ligado suas propostas educativas ao pensamento dialético de Marx, às proposições cristãs de Emanuel Mounier e à fenomenologia de Merleau-Ponty. É na encruzilhada dessas teorias que ele deposita os fundamentos de suas ideias e métodos. Libertação, diálogo, conscientização e alfabetização como primeira leitura do mundo: são esses os conceitos básicos de sua pedagogia.

Livros como *Pedagogia do Oprimido*, *Educação Como Prática da Liberdade*, *A Importância do Ato de Ler* e *Pedagogia da Autonomia*, traduzidos para mais de 20 línguas, espalharam seu pensamento pelo mundo, o que lhe rendeu o título de Doutor Honoris Causa em 34 universidades de quatro continentes.

Seu trabalho foi marcante principalmente nas áreas da alfabetização, da conscientização popular e da organização curricular, em países ou regiões marcados pela opressão e pelas desigualdades educacionais e econômicas. Novos conceitos de alfabetização como instrumento de libertação e participação trazem para a cultura dos excluídos uma valorização inédita e uma nova forma de dignidade humanizadora. A África, muitos países da América Latina e da Ásia, assim como populações diversas dos Estados Unidos e da Europa, tiveram e têm nas práticas e reflexões de Paulo Freire instrumentos de organização educativa, base de movimentos sociais, ecumênicos e de formação de escolas.

Ainda hoje, no início do século 21, muitas são as estruturas pedagógicas em fábricas, grupos de jovens, organizações sindicais ou de mobilização social (contra a Aids, por exemplo) que usam o método de Paulo Freire em seus projetos.

Veremos no capítulo 1 a breve história de sua vida de educador e político, caminhando do sertão para o mundo, em busca de compreender melhor seu próprio pensamento ao confrontá-lo com o de outros educadores e com outras práticas sociais. No capítulo 2, serão apresentados os autores do passado ou das histórias europeia e brasileira recentes que marcaram suas ideias. Os conceitos mais caros a Paulo Freire se apresentam no capítulo seguinte: falaremos da liberdade, do desenvolvimento do senso crítico e da conscientização como elementos fundantes da sua pedagogia.

Paulo Freire teve também importante contribuição na reflexão sobre as tecnologias da informação e da comunicação, guardando agudo senso crítico quanto a elas, mas aplicando-as intensamente em todas as suas atividades mais significativas, desde a experiência de alfabetização em Angicos (1962) até sua vivência como secretário de Educação da cidade de São Paulo, como veremos na sequência. Seu pensamento continua a ser espalhado e reinventado 12 anos depois de sua morte. Dedica-se o capítulo 7 à descrição da atualidade de suas ideias.

As suas 12 obras de maior destaque encontram-se comentadas no capítulo 8, permitindo ao leitor orientar-se em futuras leituras sobre ele. O conjunto de temas abordados abrange práticas pedagógicas, alfabetização, ensino, escola, poder, aprendizagem e políticas públicas de educação. Uma breve cronologia, assim como a bibliografia e os *sites* de referência, completam este pequeno livro sobre um educador e filósofo de marcante atuação nas políticas educacionais da atualidade, no Brasil e no mundo.

1. A HISTÓRIA COMEÇA

Paulo Freire nasceu em Pernambuco em 1921. Depois de seus estudos em Direito, de suas primeiras participações como professor em escola local e da defesa de sua tese em 1959, ele chega, em 1963, ao cargo de Coordenador do Programa Nacional de Alfabetização do MEC. Daí em diante, participará de todos os grandes movimentos e de todas as criações de políticas educativas para o país, até sua morte, em 1997, em São Paulo.

Suas contribuições à reflexão e suas inovadoras práticas educativas não se restringiram ao Brasil, como veremos adiante. Mas sua participação na educação brasileira, por outro lado, se dá até mesmo nos anos de exílio, de 1964 a 1979. Fora do país, sem jamais deixar de querer voltar, ele escreve ampla obra, que aqui chegava a conta-gotas, em forma de textos datilografados ou, clandestinamente, em publicações em língua espanhola ou francesa.[1]

Como poucos, ele captou o espírito da sua época e o interpretou agudamente. Pode-se dizer mesmo que profetizou alguns caminhos futuros na área da educação, da política, da filosofia, da linguagem e da cultura. Para entender melhor suas ideias e como elas influenciam o cenário educacional é importante saber o quadro sociopolítico em que sua obra foi germinada. Falaremos aqui brevemente dos 50 anos iniciais do século 20.

A FALTA DE POLÍTICAS EDUCATIVAS

Nosso país tinha uma legislação pusilânime com relação aos temas educacionais, herança de mais de quatro séculos de espírito colonial.

Exemplo emblemático deste descuido voluntário encontra-se na Constituição de 1891, da qual nem sequer constava a palavra "educação". Apenas a Constituição de 1934 vai dedicar um capítulo inteiro ao tema, trazendo à União a responsabilidade de "traçar as diretrizes da educação nacional". Através da unidade gerada por um plano nacional de educação e da escolaridade primária obrigatória, pretendia-se combater a ausência de unidade política entre os estados, mantendo suas autonomias na implantação de sistemas de ensino – ideia defendida por educadores liberais, dentre os quais se destacava Anísio Teixeira (1900-71), inspirador também dos trabalhos de Paulo Freire em sua tese de doutorado.

---

[1] Sua primeira obra a ser publicada no Brasil será datada de 1974: *Pedagogia do Oprimido* (Paz e Terra).

O desenho político e econômico do Brasil deste início de século 21 foi arquitetado nos anos 50 a 70 do século passado: de Getúlio Vargas a Juscelino Kubitschek, chegando à ditadura militar. Também nestes 30 anos a educação se desenvolveu e foi problematizada como nunca. Nessa época, foram denunciados os desastres e incompetências históricas de nosso projeto educacional de nação, evidenciando o quadro de uma economia subdesenvolvida em que nos encontrávamos.

Acumulavam-se quatro séculos e meio de incúria e falta de democracia das políticas educativas. Tudo ficava claro na pífia existência de uma escola pública que não conseguia realizar a alfabetização de todos os seus cidadãos e não garantia educação para todas suas crianças e jovens. Os desejos dos educadores de então eram de que todo o Brasil tivesse escola, desde a educação infantil até cursos de pós-graduação que garantissem pesquisas de alto nível para o desenvolvimento do país. Mas como fazer isso?

Tendências para achar soluções se multiplicavam. Vinham do Estado, dos intelectuais, da Igreja Católica, das comunidades eclesiais de base e sobretudo dos trabalhadores da educação. Em época anterior – anos 30 a 50 – o conflito que mais aparecia era a disputa entre o ensino laico e o religioso. Havia também discordâncias entre os métodos didáticos, todos com amplos, mas disfarçados, coloridos ideológicos. Os mais tradicionais propunham o ensino de latim, com diretriz fortemente humanista, e os mais modernos defendiam a necessidade da maior participação dos alunos nos processos de aprendizagem, com conteúdos e currículos mais significativos para os jovens e uma escola não apenas para as elites.

Davam consistência a este contexto, da década de 1940 até 20 anos depois, educadores como Fernando de Azevedo (1894-1974) e Anísio Teixeira, que lutavam por uma escola democrática, leiga e de responsabilidade integral do Estado. Muito fundamentado teoricamente e fortemente político, esse movimento encontrava resistência por parte da Igreja Católica, que mantinha uma ampla rede de escolas em todo o país.

A política desenvolvimentista encampada pelo presidente Juscelino Kubitschek, de 1954 a 1959, vai marcar os modelos da educação nacional, tendo em Darcy Ribeiro (1922-1997) seu principal antropólogo-educador.[2]

Enquanto isso, a União Nacional dos Estudantes (UNE) desenvolve, nos anos 60, um movimento de valorização da Cultura junto ao povo. São criados o Centro Popular de Cultura (CPC) e a UNE Volante, ambos com o objetivo de promover a conscientização popular através da cultura, levando teatro, cinema e debates culturais e políticos pelo território nacional.

Quanto ao financiamento da Educação, apenas em 1976 o senador João Calmon consegue uma emenda constitucional obrigando à aplicação anual, pela união, pelos estados e Distrito Federal, de nunca menos de 12% da renda resultante dos impostos na manutenção e desenvolvimento do Ensino; e uma aplicação, pelos municípios, de no mínimo 24% – embora desde 1961 isso já constasse na Lei de Diretrizes e Bases (LDB).

É dentro dessa efervescência cultural e econômica, que também é um momento de grande carência de políticas educacionais, que Paulo Freire vai se interessar por trazer um conjunto de propostas e reflexões. Ele

---

[2] Fundador da Universidade de Brasília com Anísio Teixeira, de quem foi discípulo.

vem participar de todo este debate não apenas reforçando o lado progressista, mas trazendo uma dimensão inovadora, que ficara um tanto à sombra até o aparecimento de suas práticas e ideias.[3]

O Brasil ressurgia para um possível novo modelo de escola, mais democrática e participante, como as escolas vocacionais em São Paulo. As descobertas de Piaget (1896-1980), as críticas ao modelo capitalista de Escola, o ensino técnico, as escolas de pais: tudo contribuía para um rico debate sobre as finalidades e os métodos escolares mais modernos. No entanto, o golpe militar de 1964 estanca tais movimentos insurgentes e a democratização da escola pública brasileira vai se atrasar 20 anos.

Sensível a este contexto da educação, mas tendo sentido na pele – depois de 60 dias preso em Recife – que suas ideias eram indesejadas pelos militares e que não poderia desenvolver suas práticas, Paulo Freire deixa o Brasil com sua família. Começaremos a descrever suas ideias a partir daqui, depois deste brevíssimo quadro da educação do país.

---

[3] Ressaltem-se as práticas realizadas com alfabetizandos adultos no interior de seu estado e no Rio Grande do Norte, experiência que será tratada no capítulo 3.

2. MARCAS NO SEU PENSAMENTO

De todos os educadores brasileiros, Paulo Freire foi talvez o mais permeável ao seu tempo: às carências de sua região, ao futuro do país e ao que poderia vir a ser o mundo. Nascido entre duas guerras, passou pela hecatombe da crise de 29 e sofreu as agruras da família numa grande capital nordestina. Aprendeu com ela a ter força de vontade e a explorar a própria inteligência em todas as oportunidades – lições pelas quais sempre foi grato. Tudo o ajudou a ser um lutador esperançoso e criativo.

Ele foi um leitor e intelectual que se interessava pelas fontes teóricas mais progressistas de sua época. Também sua origem religiosa muito o influenciou: o catolicismo. Seria depois considerado um "católico radical de esquerda", tendo conexão ideológica com o "nacional desenvolvimentismo".

As carências sociais e pessoais por que passou foram alavancas que o levaram adiante no modo de interpretar a educação, a escola e a relação com os jovens. Seu desafio confesso era "ver se terei a capacidade de continuar preservando em mim, a despeito da idade, o menino que fui, e ver se sou capaz de criar, na minha velhice, o menino que eu não pude ser".[4] Sua sensibilidade, no entanto, assim como o espírito criativo, não lhe tira jamais a eficácia das ações nem a "rigorosidade" das ideias.

Os estudos de Direito o levaram depois a fazer o doutorado, tendo decidido dedicar-se à educação, insatisfeito que estava com os conhecimentos trabalhados na faculdade. Sua tese de doutoramento – *Educação e Atualidade Brasileira* – o coloca frente a frente com grandes pensadores da cultura, da educação, da sociologia e filosofia. É então que se debruça sobre as obras de Álvaro Vieira Pinto (1909-87), John Dewey (1859-1952), Caio Prado Jr. (1907-90), Anísio Teixeira (1900-71), Karl Mannheim (1873-1947), Jacques Maritain (1882-1973), Gabriel Marcel (1889-1973), Hélio Jaguaribe (1923-), Florestan Fernandes (1920-95), Emmanuel Mounier (1905-50) e Nelson Werneck Sodré (1911-99), entre outros. Defendida por ele em 1959, a tese vai lhe abrir um espaço para olhar o Nordeste e todo o Brasil à luz de uma democracia esperançosa, fruto da recente vitória dos aliados sobre o nazismo.

O próprio Freire reconhece as influências do Instituto Superior de Estudos Brasileiros (ISEB) sobre seu pensar:

> *Acredita-se geralmente que sou autor deste estranho vocábulo "conscientização", por ser este o conceito central de minhas ideias sobre a educação. Na realidade, foi*

---

[4] *Sobre Educação: Lições de Casa*. São Paulo: Paz e Terra, 2008; p. 75.

> *criado por uma equipe de professores do ISEB por volta de 1964. Pode-se citar entre eles Álvaro Vieira Pinto e o professor Guerreiro. Ao ouvir pela primeira vez a palavra percebi imediatamente a profundidade de seu significado, porque estou absolutamente convencido de que a educação, como prática da liberdade, é um ato de conhecimento, uma aproximação crítica da realidade.*[5]

Não foram apenas estas as visões abertas na mente de Freire. O existencialismo crescia na Europa e autores como Martin Heidegger (1889-1976), Karl Jaspers (1883-1969), Albert Camus (1913-60) e Jean-Paul Sartre (1905-80) tornam-se leituras cruciais para a compreensão do mundo, dividido pela Guerra Fria. Sua visão de educação está muito marcada pelo existencialismo.

CRISTO E MARX

A América Latina, na década de 1960, foi objeto de disputa pela hegemonia das relações políticas e, o Brasil, enorme campo de luta ideológica. Sendo a Igreja Católica uma das instituições mais fortes e representativas do debate social, os padres operários e o Concílio Vaticano II, com as atividades capilares da Ação Católica (principalmente a Juventude Universitária Católica-JUC)[6] – vão se constituir em espaços de reflexão para a construção de uma sociedade mais justa. A JUC aplicava a metodologia

---

[5] *Conscientização – Teoria e Prática*. São Paulo: Centauro, 2008; p. 29.

[6] A JUC, Juventude Universitária Católica, fazia parte da Ação Católica, movimento da Igreja encarregado da pastoral crítica e participante da vida universitária.

do "ver, julgar e agir", que trazia em si um compromisso com a transformação social, além do julgamento crítico. A responsabilidade para com o fazer era a marca de amplos setores progressistas da igreja. A ideia de "esperança realizadora" marca até o fim a obra de Freire.

Com seu cristianismo guardado no canto esquerdo do peito, ele sai a fazer uma síntese pedagógica das ricas ideias da época, visitando Marx e alguns materialistas históricos. Paulo Freire faz constantes citações de Karl Marx, Mao e Guevara, como idealistas e inspiradores, e busca na dialética marxista fundamentos de um pensar e agir transformador. Mas isso em nada ameaça o firme bloco ideológico de seu pensamento: o pacifismo e um socialismo não radical nem violento – à época, muito abominado por alguns setores da esquerda.

Embora Freire se dissesse mais um homem de fé do que religioso, ele acreditava num Deus presente na História e não num Deus punitivo a um homem pecador. Diz ele que a Igreja é "missionária no pior sentido da palavra, 'conquistadora' de almas, esta igreja dicotomizada entre mundanidade e transcendência, toma aquela como sujeira na qual os seres humanos devem pagar seus pecados".[7]

Para ele, Marx ensina a ler melhor os evangelhos, pois apresenta a dor do povo e a miséria. "Fui a Marx e não descobri razão nenhuma para não continuar minha camaradagem com Cristo".[8]

Seu cristianismo foi marcado fortemente por sua participação durante dez anos no Conselho Mundial

---

[7] *Ação Cultural Para a Liberdade e Outros Escritos.* Rio de Janeiro: Paz e Terra, 1982; p. 117.

[8] Mario Sérgio Cortella, "Memória: Entrevista com Paulo Freire". *Teoria e Debate*, 1992; pp. 45-48.

de Igrejas, em Genebra, onde conviveu com intelectuais, ativistas e religiosos das principais denominações protestantes, ortodoxas e católicas. Essa comunidade ecumênica, com representantes de mais de 60 países, não só refletia, mas promovia – principalmente na África, na Ásia e na América Latina – programas de combate à violência, à degradação das relações sociais e pela promoção dos direitos humanos.

A noção de cultura que mais o marcou foi, sem dúvida, a do padre Henrique Lima Vaz, jesuíta que teve forte, mas discreta influência na nova geração da esquerda católica nos anos 60 e 70. Não havia reunião, texto, conversa ou plataforma política de movimentos das esquerdas cristãs que não se organizassem em torno dos pensamentos do padre Vaz.

As perguntas existenciais e epistemológicas de Vaz vão nortear as obras de inúmeros intelectuais cristãos daquela época. Como entender o significado da história, como atuar dentro dela como cristão? A tal pergunta, Vaz respondia que os homens fazem a história na consciência dela, no reconhecimento do outro, no diálogo entre sujeitos. A cultura é a mediação de todo este processo que se inicia com o trabalho. E trabalho visto como um ato cultural do ser humano, que transforma, que cria novos mundos pela sua interferência na natureza. A história é feita pela comunicação entre as consciências, que se dá pela palavra, e que por ela se apropria da significação coletiva. Esse processo resulta na libertação da opressão, pelo fim da alienação.

Fecha-se assim, resumidamente, o ciclo conceitual da construção social da liberdade e da humanização. Mas a dimensão cristã do pensamento de Paulo Freire fica melhor compreendida com o que Vaz diz textualmente: "No plano da cultura, a interpretação radical que o cristianismo nos traz é esta: o homem, ser histórico, realiza-se criando cultura, criando o mundo humano. Este mundo é ambíguo e a história é dramática. O desenlace feliz para esta ambiguidade e dramaticidade é encontrar com Deus dentro desta história".[9]

Esse catolicismo vem discretamente chegando ao pensamento de Paulo Freire pela obra de Jacques Maritain, que defende um ideal socioeconômico da criação de uma nova cristandade. A finalidade da sociedade, para ele, é ter um novo homem voltado para o bem comum, servindo à pessoa, longe de modelos autoritários de Estado. A concepção "solidarista" das classes sociais, no entanto, supunha a conscientização do trabalhador não como classe, mas como sujeito de dignidade humana. E é nessa tarefa que Paulo Freire vai trabalhar por meio da Pedagogia Crítica.

Sua obra inicial retrata o conflito entre uma Igreja Católica espalhada por toda a sociedade, juntamente com a (frágil) esquerda nacional, aliada aos movimentos populistas, e os quadros de coronéis e líderes dos movimentos pró-industrialização, principalmente no Nordeste.

Será dentro desse contexto também que a alfabetização de adultos vai se tornar foco político de importância. As campanhas de educação em massa no Nordeste, sobretudo em Pernambuco e no Rio Grande do Norte, mostram efeito imediato nos pleitos municipais e estaduais. Movimentos de direita e de esquerda vão olhar para esse novo público, que rapidamente poderia se tornar eleitor, pelo simples fato de existir agora um método que alfabetiza em poucos dias.

---

[9] "Cristianismo e Consciência Histórica". Em: Cardonnel et al., *Cristianismo Hoje*. 2ª ed., Rio de Janeiro: Ed. Universitária da UNE, 1962; p. 27.

3. LER O MUNDO PARA SE LIBERTAR

O método criado por Paulo Freire para alfabetização de adultos foi, sem dúvida, sua maior contribuição à educação. Não apenas pela capacidade de alfabetizar em 40 horas. Seu sucesso está marcado pelo fato de ter desenvolvido um novo conceito de leitura – e com ele um novo conceito de escrita.

Ler, segundo Freire, não é caminhar sobre as letras, mas interpretar o mundo e poder lançar sua palavra sobre ele, interferir no mundo pela ação.

Ler é tomar consciência. A leitura é antes de tudo uma interpretação do mundo em que se vive.

Mas não só ler. É também representá-lo pela linguagem escrita. Falar sobre ele, interpretá-lo, escrevê-lo. Ler e escrever, dentro desta perspectiva, é também libertar-se. Leitura e escrita como prática de liberdade.

A escrita é também objeto do pensamento e da vida. O mundo ao sul da linha do Equador é marcado pela oralidade; aqui, a escrita e a leitura são um distintivo de poder. Portanto, a criação de uma política de desenvolvimento de participação do mundo da leitura e da escrita significa redimir as massas excluídas de 500 anos de história.

A leitura do mundo antecede a leitura das letras. A leitura assim é um fato político cultural de participação. Desse ponto de vista, um adulto ler frases como "vovó viu a uva" deixou de ser um fato educacional pacífico e virou um absurdo político, já que a frase não tem nenhum significado para o adulto que se alfabetiza. É um desrespeito a ele e o esvazia de sua dimensão cidadã.

Há 60 anos[10], havia ainda 50% de analfabetos no país – por absoluta opção política. Dirigentes, classes médias e baixas, clero, latifundiários e minifundiários, políticos, todos achavam que os analfabetos eram uma espécie de praga, uma mancha na cultura nacional. Mais uma vez, a vítima era a culpada. Alguns viam os analfabetos como uma espécie que nasce por acaso e faz parte de um sistema ecológico de equilíbrio social.

De lá para cá, houve progresso. Em 2008, o estado de São Paulo chega ao menor número relativo de analfabetos na sua história: 4%. Pela primeira vez na história, o número de analfabetos maiores de 15 anos começa a diminuir a partir de 2002, chegando a 10 milhões em todo o país. Isso acontece pelo simples fato de que não geramos novos analfabetos, pois todas as crianças estão na escola. Mas o estoque de analfabetos se mantém e este número só abaixará pela morte deles! Não acabamos ainda com o *analfabetismo*, embora estejamos acabando com os analfabetos.

---

[10] Três dados históricos mostram a curva do analfabetismo no Brasil. Em 1920, 64%; em 1970, 33%; e, em 2000, uma taxa de analfabetos ainda de 13%, mesmo depois de tanta escolarização e tanta tecnologia.

Todo o trabalho de Paulo Freire, todos os anos de exílio, todos os festejos na sua volta, não ajudaram o país a fazer a lição: dar direito à leitura e à escrita a seus cidadãos. Todos.

ELEMENTOS DO SEU MÉTODO

O método construído por Paulo Freire a partir de sua prática pedagógica, em articulação com os carentes sociais e culturais de seu estado de Pernambuco, gerou um programa de alfabetização que marcou as quatro últimas décadas do século 20. Pode-se dizer que esse método interferiu no mundo da educação em todos os continentes.

Partindo de "temas geradores", o método propiciava uma reflexão do alfabetizando sobre os seus próprios problemas – o que gerava a necessidade de posicionar-se sobre tais questões e de expressá-las em formas próprias de comunicação. Com o método de Freire, os adultos não se sentiam alheios aos temas de sua escrita e a leitura virava um aprofundamento do que já vinham vivendo, em suas experiências como trabalhadores e cidadãos.

Se os temas geradores fossem, digamos, *terra, latifúndio, favela, enxada, foice, casa*, eram essas as palavras a serem lidas e escritas, com seus significados debatidos. Toda a gama de desmembramento de outras palavras era oriunda dessas sílabas componentes das palavras-temas. FA-VE-LA pode gerar: ve-la, fa-la, la-ve, lu-va, fa-va etc., assim como outras inúmeras composições com seus diversos grupos silábicos, num imenso repertório de possibilidades. Com isso, os jovens ou adultos constroem palavras nascidas de seu repertório "gerador"; e sendo elas debatidas, escritas e faladas, podem transformar as suas realidades pela *práxis*.[11]

Os problemas de alfabetização não pararam aí: da perspectiva do método, o desafio contemporâneo é continuar a construir, com os leitores-aprendizes, a problematização sobre os temas geradores em cada nova realidade – como no mundo digital, especialmente.

Tornado realidade pela reorganização do capitalismo volátil, o mundo digital deve ser também objeto de um novo processo da alfabetização. O mundo digital em nada é menos opressor ou menos desumanizador que o mundo do latifúndio ou da favela. São desafios mais sutis e mais encobertos em aparências de globalização democrática. Como Paulo Freire pode ser chamado para ajudar a desenhar um método de alfabetização crítico-digital?

Para estar neste mundo e poder participar de suas potencialidades é preciso dominá-lo. Este domínio não se dará pelo controle simples de seus manuais de instrução ou pela manipulação de seus teclados e *softwares* – "caminhar sobre as letras", como dizia Freire. Tal participação demanda um aguçamento do senso crítico, acompanhando a discussão de seus problemas e de suas perspectivas. Este domínio se desenvolve também com a compreensão de seus instrumentais: navegar na internet, trabalhar com um processador para escrever um texto, poder enviar uma mensagem para o outro lado da cidade ou do mundo, criar uma agência de notícias ou editar jornais comunitários, divulgar seu currículo na rede: tudo isso pode ser um caminho freireano de uso crítico e político.

---

[11] *Práxis* é um conceito marxista que sintetiza a relação entre o pensar e o agir refletido, que intervém na História.

EMANCIPAÇÃO E ALFABETIZAÇÃO DIGITAL

O mundo mudou. A leitura deste mundo não pode ser feita com os mesmos instrumentos de mundos passados.

Quais são as principais questões que o conceito de alfabetização apresenta a este novo tempo? Na sociedade do conhecimento, que novas habilidades se exigem de interpretação e leitura? Como escreverão as pessoas que permanecem à margem de tais conquistas? Quais as armadilhas e recursos deste mundo?

Hoje se vive num espaço de informação e serviço. A tecnologia é sua fada madrinha. É neste contexto que encontramos parte significativa do trabalho humano. A virtualidade encurta distâncias. Reduz espaços. Acumula dados. Transporta imagens e sons à velocidade da luz. Vive de imagens. Fala menos a palavra oral. A tela é o cenário e as cores, aos milhões, são seus atores fluidos e plásticos. Nela, aquilo que pode vir-a-ser é mais cultivado do que aquilo que é. A virtualidade da imagem e das relações quase substitui a realidade.

Quais são os novos instrumentos para a leitura crítica dessa condição? Quais são os temas que emergem deste mundo e que nos permitem escrevê-lo?

Como problematizá-lo? Quais são seus códigos? Como dominá-los para a comunicação? Quais os problemas que trazem dentro de si? Como usá-los para intervir na realidade desumanizante?

Essas perguntas foram feitas no momento da criação do MOVA DIGITAL[12], que visava dar continuida-

---

[12] Criado por Paulo Freire, em 1989, quando à testa da Secretaria Municipal de Educação, o MOVA tinha como finalidade possibilitar aos educandos, jovens

de ampliada e contextualizada ao movimento MOVA (Movimento de Jovens e Adultos de São Paulo), criado por Paulo Freire.

O DESAFIO DA REINVENÇÃO

"Adotar as ideias de Paulo Freire para a Alfabetização e inclusão digital significa reinventá-lo em um novo contexto cujas condições históricas, socioculturais, políticas e econômicas são diferentes do momento em que ele elaborou sua teoria, implicando em uma atualização metodológica na qual prevaleça a essência do significado de suas ideias."

O programa MOVA DIGITAL[13] pretendia criar com as comunidades de jovens e adultos que se alfabetizam um sistema de leitura do mundo digital. O método Freire permitia desvelar seus problemas e desafios à medida que seus instrumentais são dominados.

Eram temas-geradores: desemprego tecnológico, urnas eletrônicas, história de vida, violência nos meios de comunicação, conhecimento centralizado, informação para todos e dominação tecnológica, além de outros criados com os próprios grupos de alfabetização.

ou adultos, o processo construtivo de ampliação do próprio conhecimento por meio de intervenção sistemática do educando e da vivência com os colegas numa relação de diálogo. Uma nova administração petista em São Paulo, em 2001-02 – quer dizer, 12 anos depois de Freire como secretário da Educação –, propôs esta pergunta: o que Paulo Freire faria aqui se tivesse este novo desafio de alfabetizar para a leitura do mundo digital? Foi proposta uma *reinvenção*, tão a gosto de Paulo Freire, de um programa que usasse as tecnologias para alfabetizar de maneira crítica os alunos do MOVA, agora chamado MOVA DIGITAL.

[13] Este programa – MOVA DIGITAL – foi implantado na Secretaria de Educação da cidade de São Paulo, na gestão de Marta Suplicy, sob a concepção do autor deste livro, quando secretário de Educação (2001-02).

Os temas eram debatidos, escritos, vividos nos seus aspectos tecnológicos e experimentados nos teclados, telas, mensagens, *chats* e gravações em disquetes.

O projeto – que aqui serve de exemplo para tantos outros – partia da premissa, ou da esperança, de que Paulo Freire se reconheceria nesses procedimentos de implantação de uma metodologia de trabalho.

PAULO FREIRE E O MOBRAL

Com a expulsão de Paulo Freire e de tudo que poderia parecer subversivo nos espaços educacionais durante a ditadura, os movimentos populares de alfabetização foram para as catacumbas. Setores da Igreja Católica, movimentos operários, sindicatos e algumas entidades universitárias acolheram corajosamente as causas de uma alfabetização mais crítica. Tais movimentos encolheram, mas continuavam vivos e alguns poucos até se ampliaram. O medo do Estado autoritário e repressor isolava esses esforços.

O Brasil, em fins dos anos 1960 e na década de 70, estava em expansão econômica, insuflada pela ideologia do "milagre brasileiro" e atingindo altos níveis de investimento em obras de infraestrutura. A urbanização fazia diálogo com a industrialização promissora. No campo ideológico, ainda, a vitória do Brasil na Copa do Mundo de futebol promoveu uma sensação no imaginário coletivo de que o modelo econômico e político "não eram tão ruins apesar da repressão".

No campo da educação, o analfabetismo era visto pelo regime e por seus intelectuais como uma "praga", que deveria ser enfrentada para acelerar e azeitar a máquina da industrialização e urbanização crescentes.

Nesse contexto, durante o exílio de Paulo Freire, com suas ideias sendo consideradas subversivas, o governo militar resolve criar um programa de alfabetização empregando algumas palavras-chave de Freire, mas sem seu capital dialógico e seu vigor político-pedagógico.

Retornar aos métodos de cartilha, que suavizavam o caminho, não era mais uma opção. Já havia consciência de que um método eficaz e reconhecido estava semeado – o método de Paulo Freire. Por isso, os políticos militares brasileiros se sentiram espertos para encomendarem um batismo dos procedimentos do método freireano, sem lhe dar os significados políticos. Uma espécie de esterilização de seus códigos genéticos. Mesmo à distância, mesmo exilado, a importância de Paulo Freire crescia, sua figura banhada por certa áurea que cobria os perseguidos políticos.

Alguns dirigentes políticos do governo militar criaram então o MOBRAL, em 1967, como forma de sepultar os fantasmas da conscientização política nas ações alfabetizadoras de Freire.

Suas plataformas se baseavam em ações de alfabetização funcional, de educação integrada e de programas de cultura, assim como de profissionalização e desenvolvimento comunitário – tudo previsto para acontecer entre 1970 e 1975. A alfabetização duraria cinco meses com duas horas diárias de aulas. Tentava-se retomar os Círculos de Cultura, como forma de penetração nas ações comunitárias, sem, contudo, manter o espírito crítico.

Para Paulo Freire, a alfabetização é um processo de diálogo que constrói a conscientização com o próprio alfabetizando, ele mesmo ser histórico, autêntico e capaz de crítica – capaz, isto é, de desenhar e optar por sua participação social. O alfabetizando é sujeito de sua história.

"O MOBRAL constrói sua proposta pedagógica baseado na crença de que a elite é capaz de elaborar projetos, os melhores possíveis, que devem ser executados obedientemente pelo povo."[14]

Com recursos da Loteria Esportiva e despido do caráter conscientizador, o MOBRAL vai se atrelar ao modelo poupador de mão de obra e de esvaziamento das práticas políticas transformadoras, embora mantenha elementos isolados do método freireano. As palavras geradoras eram descontextualizadas de seu potencial reflexivo – elas são impostas para todo o país – como SA-PA-TO –, ganhando um aspecto funcional e de aceleração de aprendizagem.Além disso, o diálogo foi substituído pelo trabalho em grupo, em que a relação entre seres conscientes e autônomos se transfere para o "todos nós, ninguém", como diz o filósofo Heidegger.

Mas os idealizadores do MOBRAL cometeram um equivoco básico: acreditar que é possível ter êxito um projeto para alfabetizar e educar um cidadão à revelia da situação cada vez mais injusta da economia e de opressão política. "Não é possível alfabetizar uma população e ao mesmo tempo torná-la cada vez mais miserável."[15]

---

[14] Gilberta Martino Jannuzzi, *Confronto Pedagógico: Paulo Freire e Mobral*. São Paulo: Cortez e Moraes, 1979; p. 79.

[15] Jannuzzi, *Educação Negada*. 2ª ed. São Paulo: Cortez, 1997; p. 146.

4. LIBERDADE COMO LIBERTAÇÃO

A paixão maior de Paulo Freire era a liberdade. Mas ele queria uma liberdade diferente daquelas que se vê na televisão: uma linda mulher, de cabelos esvoaçantes, andando sobre um vasto trigal em câmera lenta. Feliz. Vai para onde quer, quase voando, sem nenhuma limitação da força da gravidade. Ninguém por perto. Liberdade de isolamento. Aquela que só poderíamos viver numa ilha deserta.

A liberdade prometida pelo liberalismo – daí, aliás, seu nome original, donde surgem suas promessas e quimeras – é a da possibilidade meramente virtual perante a lei. Não a vivência da liberdade por todos, com posses ou sem elas, de qualquer cor de pele, etnia ou religião. (Para tornar a questão bem concreta, bem próxima de nós: no Brasil, todos têm direito à vida universitária? Sim, mas não se vê negros rotineiramente completando doutorados em medicina ou arquitetura.) Esta é a liberdade liberal em sua raiz, apenas formal e não de fato.

Mais restrita ainda é a liberdade própria da sociedade de consumo. Essa é a liberdade de ter o que se quer, na hora que o desejo surge, com toda a rapidez. Conquista própria dos que têm recursos para cumprir seus desejos.

O senso comum liberal nos diz que "a minha liberdade termina onde começa a do outro". Paulo Freire defende um conceito de liberdade que supera esta visão liberal do tema.

A liberdade para Freire é aquela que *começa* onde começa a do outro; e a liberdade termina onde um cidadão ou uma classe social perde a sua. Se há alguém preso ou oprimido por violência simbólica ou por força física, todos estão presos, cativos e violentados. Só se pode ter liberdade com a dos outros. Ela é um delicado tecido entre os nossos sonhos, as nossas forças e os sonhos e as forças dos outros. Principalmente dos mais fracos. Principalmente dos que conosco convivem.

A liberdade do professor de faltar às aulas esbarra no direito do aluno de ter aula. Mas como construir a própria liberdade se é necessário lutar pelo salário ou por uma greve? Como articular tais necessidades e espaços com os espaços do outro? É aí que vale o entendimento de que a minha liberdade começa onde começa a do outro. É necessário negociar, analisar, verificar e dialogar com todos os interessados nos espaços de libertação, que são fluidos e mutantes, para construir os passos da libertação. A liberdade é de todos.

A liberdade é uma conquista e não um dom de alguém ou de alguma circunstância. É um verbo mais que um substantivo. Os homens *se libertam*, não ganham liberdade. Libertar-se, como verbo, supõe consciência da própria prisão e vontade de sair dela. Mas não basta querer, é preciso, segundo Freire, construir os meios para esta libertação. Sendo assim, ela é uma conquista por passos que nascem da consciência e "inaceitação" da opressão. Mas sem aliança com outros oprimidos a libertação fica menor, mero ato individual.

Para Freire, "não se pode afirmar que alguém liberta [alguém], ou que alguém se liberta sozinho, mas que os homens se libertam em comunhão".[16]

Como o ser humano é histórico, todas as situações de opressão não lhe são um destino, mas podem ser superadas. Toda opressão é um chamado à humanização contra aqueles que nos querem reduzir a coisas. Esta ação histórica é política por essência. Política, pois se os homens são seres solidários – uma espécie que pode ser chamada *homo solidarius* – a libertação de cada um é um ato político. Este apelo ao compromisso social está ligado à ideia de Freire de que a naturalização das situações de servidão, escravidão e opressão pode ser superada por ações políticas e educativas – mesmo se nem sempre fáceis de serem detectadas.

Tal libertação, que tem caráter político, não se restringe à ação contra um governo ou um partido. Ela começa nas microrrelações familiares (homem-mulher ou pai-filho), ou nas cenas escolares (professor-aluno ou diretor-funcionário), ou nas relações dentro de uma empresa.

Aí nestes laboratórios de vida política, onde de fato se operam as primeiras políticas, os jovens e os aprendizes profissionais elaboram sua formação de valores. Entre eles o modelo de opressor é elaborado sutilmente. Freire chama isso de "introjeção" do modelo do opressor, inspirado na dialética do senhor e do escravo de Hegel (1770-1831).

---

[16] *Pedagogia do Oprimido*. Rio de Janeiro: Paz e Terra, 1975; p. 155.

EDUCAÇÃO PARA A LIBERDADE

É vontade dos oprimidos, contraditoriamente, participar dos padrões de vida do opressor. "Participar destes padrões constitui uma incontida aspiração", escreve Freire. "Na sua alienação, querem a todo custo parecer com o opressor. Imitá-lo, segui-lo."[17]

A escola é um local privilegiado de formação de um modelo de libertação, se seu projeto curricular e de formação supuser e trabalhar com uma política pedagógica crítica. A pedagogia de Freire visa criar um espaço privilegiado para a construção da liberdade. Não é à toa que o seu primeiro livro se chamou *Educação Como Prática da Liberdade* (1967).

Os fundamentos filosóficos de seu conceito de liberdade advêm do conceito de *existência* humana. Os homens e as mulheres "ex-sistem". Existir é estar "fora do Ser". Ou seja, poder se distanciar do Ser para contemplar o que são e ir adiante, aceitando, ou não, suas condições de Ser. Por não estarem "involucrados" nas circunstâncias físicas, geográficas, psíquicas, culturais, corpóreas, podem não aceitá-las, superando-as.

As superações se dão dos modos mais diversos: na luta pela melhoria de vida dos deficientes físicos, na vontade de ultrapassar recordes olímpicos, na conquista de um novo emprego, na luta contra a poluição ambiental, na denúncia da exploração sexual de crianças. Todos são atos de libertação e, portanto, construção da liberdade de cada um, assim como da liberdade humana em geral.

Tal libertação supõe reflexão e consciência, além de ações para a transformação da realidade opressora.

---

[17] Idem, p. 53.

Mas a libertação só acontece partindo da não aceitação do que está aí. Exige uma capacidade de indignação – em geral muito esmaecida no mundo contemporâneo, marcado por uma sensação de impotência perante os tão grandes e complexos problemas de dimensão global. É a indignação que desencadeia as críticas e utopias contidas nos atos de libertação. Mas cada vez mais as utopias que nos levam a vislumbrar futuros melhores vão ficando embutidas em *outdoors* e anúncios televisivos. Resta pouco para o cidadão comum. Esta limitação drástica dos sonhos é das mais graves síndromes da perda da esperança contemporânea. E sem ela não há libertação.

Só os que não têm nada a perder podem fazer as transformações mais profundas da sociedade, porque só dentro deles existe a possibilidade do sonho com o realmente outro, com o diverso, com o diferente. Os que possuem o mundo e suas riquezas não querem a mudança.

Freire fala diretamente dos oprimidos, dos agentes da educação, da igreja e dos revolucionários. As críticas feitas por ele, nos anos 60 e 70, estavam diretamente dirigidas ao imperialismo, que travava o desenvolvimento das nações latino-americanas. Sem a libertação do modelo capitalista opressor haveria apenas algumas mudanças de fachada e seria feita apenas uma "modernização" da superfície.

A educação é para Paulo Freire a porta de entrada nas dimensões da libertação e em suas práticas. A teologia e a política são também arenas de lutas libertárias. Mas foi na educação, como sabemos, que ele exerceu suas mais significativas práticas.

O início foi o verbo. Ele viu na alfabetização de adultos – nas regiões canavieiras de Pernambuco, para ser preciso – os pontos por onde tudo poderia e deveria começar. E não parou aí: foi ao Chile, à Guiné-Bissau e engajou-se no trabalho metodológico de libertação, por meio da alfabetização. Os Centros de Cultura foram campos avançados da libertação: partia-se das tradições, dos saberes locais e significativos para iniciar a leitura do mundo, que antecede a leitura das letras.

Também de outro modo, no tempo em que dirigiu como secretário da Educação as escolas públicas municipais de São Paulo, mostrou concretamente como se pode trabalhar para a libertação de uma grande região urbana contemporânea.[18]

Em tudo o que fez, a busca da libertação foi sempre a medida de seus valores.

O *DIÁLOGO*

O diálogo, para Paulo Freire, foi o correspondente lógico e pedagógico do pacifismo e da luta pelos direitos humanos, pela igualdade entre raças e povos, e pela aplicação universal da aprendizagem.

O diálogo tem sua origem na palavra. A palavra e a linguagem são a "casa do ser", diz Heidegger. Tudo começou com o verbo – morada do ser – como também diz o começo da *Bíblia*: "No início era o Verbo". Com isso, pode-se dizer que se fecha o círculo lógico e ontológico que Paulo Freire usa para interpretar e vivenciar o diálogo. O diálogo está fundado no início da vida e do ser: a palavra.

---

[18] Paulo Freire, *A Educação na Cidade*. 7ª ed. São Paulo: Cortez, 2001.

Onde se vê este processo nascer? No livro *Pedagogia do Oprimido.*[19]

O diálogo, ali, é apresentado como espaço de ação e reflexão, uma dimensão inesperada para que se venha a superar o senso comum. As palavras geradas pelo diálogo são transformadoras do mundo; quer dizer, dos "dialogantes" e do mundo que os cerca, da realidade vivida e partilhada.

O fruto do diálogo é a *práxis* – ou seja, a prática refletida. Existir é pronunciar o mundo para transformá-lo. Esta é a dimensão histórico-política do pensamento e da pedagogia de Freire.

Na base de seu pensamento, como vimos, está a vivência da situação do país, mais especificamente de seu estado, Pernambuco, e de sua cidade, Recife: uma experiência de carência e opressão, seja observada de perto, seja relatada por canavieiros, por favelados, por migrantes. Por isso mesmo, ele vislumbrava e cultivava a esperança de um país desenvolvido.

O diálogo, único caminho para a superação desta situação, tinha como fundamento dar voz ao oprimido para que novos caminhos fossem traçados. Os oprimidos seriam os sujeitos da mudança, pois "esperançados" de um novo mundo. O diálogo como encontro entre homens que pronunciam o mundo é um ato criador.

"Sendo o amor fundamento do diálogo é também diálogo",[20] escreveu Freire, ecoando Guevara: "Assim como não há diálogo se não há um profundo amor ao mundo e aos homens, assim não é possível a pronunciação do mundo, que é um ato de criação e recriação, se não existe amor que a infunda".[21]

---

[19] Ver adiante o capítulo "Doze Destaques de Sua Obra", p. 73.

[20] *Pedagogia do Oprimido*, op. cit.; p. 106.

[21] E. Guevara, *Obras Revolucionárias*. México: Ediciones Era, 1967; pp. 637-38.

O diálogo também é um ato de fé nos homens. Humildade e esperança são outras virtudes fundamentais. No polo oposto fica a educação bancária,[22] antidialógica: essa defende que entreguemos conhecimentos prontos, organizados, impondo um modelo de bom homem, que desconsidera a vida e a história dos oprimidos.

Será fundamental perceber que o conhecimento popular pode gerar, dialogicamente, uma educação que não é mera devolução, a ser depositada no educando. O educador recebe elementos "inestruturados" do saber daqueles a quem ensina. O diálogo freireano não é uma simples troca de ideias, mas uma conversa respeitosa, em que a valorização do saber popular e do senso comum não são deificados como intocáveis, até porque muito marcados por elementos do pensamento das classes dominantes.

Este caráter dialógico do pensamento de Freire não é simples adorno reflexivo de suas teorias, mas um instrumento de construção do que ele chamou "Pedagogia Crítica". A expressão resume os tantos adjetivos que ele juntou à Pedagogia – *da Esperança, do Oprimido, do Conflito, do Diálogo, da Autonomia*, entre outros. Nesta pedagogia, o diálogo é ponto de partida e de chegada. E pela Pedagogia Crítica a sociedade deve ser transformada: as injustiças, a opressão, os interesses violentos de classes antagônicas, o subdesenvolvimento, a exploração do trabalhador devem ser combatidos sempre, como males que estão na origem desta sociedade com a qual a escola tende a manter um pacto.

---

[22] A expressão "educação bancária" é empregada por Paulo Freire para se referir à forma de educação que vê na criança um mero lugar onde se depositam conhecimentos sem sentido, acúmulo pelo acúmulo.

Aqui o termo "pedagogia" não se refere exclusivamente à educação de jovens e adultos alfabetizandos, nem à educação escolar regular, mas a todas as formas de pedagogia que trabalhem nos processos de educação no mundo: educação infantil, educação para o lazer, para as questões da terceira idade, para os doentes em hospitais, para a educação carcerária, ou para as crianças em situação de rua. "Para o educador humanista e revolucionário autêntico, a incidência da ação é a realidade que deve ser transformada por ele com os outros homens e não nos homens em si."[23]

O processo de construção da Pedagogia Crítica não é fácil, nem rápido. Ele supõe um diálogo verdadeiro (muitas vezes travestido de conversa, promessa eleitoral etc.) e, a partir dele, a percepção das situações-limites em que se encontram os educandos. Supõe também, a partir daí, o levantamento de palavras e temas geradores e requer a decodificação dessas temáticas, para daí retirar-se as contribuições da cultura acumulada, em forma de conteúdos históricos, científicos, literários, das múltiplas linguagens e das tecnologias; tudo marcado pela qualidade social da educação, que só se realiza num ensino de qualidade para todos.

O plano educacional de Paulo Freire para a Secretaria Municipal da Educação de São Paulo, elaborado trinta anos depois de ter escrito a *Pedagogia do Oprimido*, é um roteiro prático dessas ideias, embora só tenha sido aplicado por ele durante o curto período de dois anos e meio, como veremos adiante.

A ideia-força da Pedagogia Crítica é que se crie o *inédito viável*. E esta ideia-força se elabora não na fronteira entre o ser e o nada, mas entre o ser e o ser mais.

---

[23] *Pedagogia do Oprimido*, op. cit; p. 113.

É dentro dessa perspectiva que tantos pedagogos, educadores, médicos, teólogos, comunicadores, pesquisadores sociais e arquitetos se inspiram na sua obra, para acrescentar conteúdos de eficácia política e humanista a suas práticas.

UMA ONTOLOGIA

O pensamento de Paulo Freire nos abala e ao mesmo tempo nos sustenta. Abala porque incomoda nossas seguranças; e nos sustenta porque anuncia algo solidamente novo. Representa uma nova *ontologia*, nascida de certa inquietação filosófica do início do século 20 – e que, em geral, ainda não é a nossa. Nosso pensamento "espontâneo" tem base em Aristóteles e na sua Metafísica dos seres, cuja essência é imutável. Já a ontologia de Freire – advinda do existencialismo e da fenomenologia – representa um novo modo de pensar o Ser.

O que é ontologia? É a reflexão e a busca de respostas sobre o que é o ser. O que é *Ser*. Como o ser é. Como se constitui o ser. Para que somos e por que existimos. Busca saber o sentido da vida, o que nos faz existir. Estas são as grandes perguntas, desde os gregos, genialmente formalizadas por Aristóteles em sua obra e nas de seus contemporâneos.

A Metafísica ou ontologia de Aristóteles e dos gregos, espalhada pelo mundo durante o império romano e depois pelo mercantilismo bélico europeu, entende o ser com algo estático: aquilo que é essencialmente uno, verdadeiro e belo. O ser é um *substantivo*, segundo a tradição grega. É estático. O ser de cada coisa a define. A essência de cada coisa é dada pelo seu ser.

A superação deste pensamento vê o ser como um *verbo*. Estar sendo, construir o ser, mudar o ser, não aceitá-lo em suas circunstâncias e buscar com o "vir-a--ser" sua superação. O ser não apenas é. Ele está sendo e pode ser de outro jeito.[24]

Em resumo, o ser humano *existe* e não simplesmente *é*, como os animais ou as pedras. Em *Pedagogia do Oprimido*, Freire dedica longa análise para ressaltar as diferenças entre o ser animal e o existir humano.

O *ex-sistere* (existir) supõe um ser que toma distância do que vive para averiguar o sentido do que é. Ele pode *ad-mirar* seu ser no cenário do mundo. A sua experiência – humana – vai além da imersão que os animais têm em suas vidas, pois o homem pode fazer uma reflexão crítica sobre ela. Os homens são os únicos seres inconclusos e por isso "capazes de ter não só sua própria atividade como objeto de sua consciência, mas também a si mesmos como objeto desta consciência, fator que os distingue dos animais".[25]

O animal é a-histórico, não tem no mundo algo problematizante, não consegue dar-lhe sentido nem presente, nem futuro, nem retrospectivo. O homem, como ser histórico, corre riscos, toma decisões, coloca--se desafios, assume sua vida, transforma seus contornos. Cada calçada com guia rebaixada ou cada rampa de acesso a locais públicos é uma conquista histórica do homem não contente com o ser. Os homens vivem uma relação dialética entre seus condicionamentos e sua liberdade. Os condicionamentos são as limitações da liberdade, mas enfrentando-as, ele se liberta.

---

[24] Esta é a visão que só vai se construir nos inícios do século 20 com Husserl, Heidegger, Sartre, Camus, Jaspers e, mais contemporaneamente, Hannah Arendt, entre outros (que incluem também leitores de Kierkegaard).
[25] *Pedagogia do Oprimido*, p. 105.

"No momento em que se instaura a percepção crítica na própria ação, desenvolve-se um clima de esperança e confiança que conduz os homens a se empenharem na superação das situações-limite."[26]

As "situações-limite" são experiências que se percebem como desafios, como inaceitáveis, indignas ou, no extremo oposto, de extrema honra, situações de amizade, amor ou angústia, que nos levam ao limite de nós mesmos. Tal experiência não é espontânea, mas sim resultado de uma educação existencial, que nos ensina a perguntar pelo sentido de nossa própria vida e de toda a história do "homem-sendo", no sentido filosófico existencial.

Toda a pedagogia freireana é marcada por esta visão ontológica, embebida no existencialismo-fenomenológico. Ela se concretiza, por exemplo, na construção do método de formulação dos temas geradores, base de seus programas de alfabetização de jovens e adultos.

Ora, se o ser dos homens e mulheres é construído na consciência de sua própria existência, tendo por isso um caráter provisório e relativo, a educação é momento dos mais ricos do processo de "hominização" – seja para a humanização libertadora, seja para a desumanização consumista, individualista e opressora. A realidade, a consciência, a aprendizagem são, cada uma, um "fenômeno" e não um ser definido. São fenômenos porque exigem a cada momento a atribuição de novos significados em mutação, que se redesenham a cada hora.

Os conteúdos da alfabetização, ou dos currículos em geral, não são objetivos, como se existisse uma es-

---

[26] Idem, p. 107.

sência da alfabetização independente das figuras humanas dos alfabetizandos. Fiel à sua visão existencial, Paulo Freire desenvolveu procedimentos para garantir que os alfabetizandos encontrem o significado de suas vidas no ato de aprender. Escrever sua vida na história do mundo vivido é a essência existencial do ato de ler e escrever.

Um rebatimento dessa ideia deve se dar na elaboração de qualquer currículo educacional. A palavra humana deve emergir, ser interpretada, ser construída, assim como todo o existir, que é um ato intencional emitido pelo sujeito, junto com seu entorno e com suas comunidades.

A prática da pedagogia bancária – tão combatida por Freire – serve de exemplo da fixação do ser como algo imutável. Nela se afirma nítida e arbitrariamente quem sabe e quem ensina; quem pensa e quem é pensado; quem fala e quem escuta; quem tem a autoridade e quem obedece; quem é sujeito do processo e quem é o objeto. Sendo sempre os primeiros os chamados "educadores" e os "educandos" sempre os segundos – como se por essência, por determinação dos seus seres. Mas não era Guimarães Rosa, citado em *Pedagogia do Oprimido*, quem dizia que é "mestre aquele que de repente aprende"?

Ser humano é saber se perguntar sobre o sentido da vida. A sabedoria da teoria – ou método, ou política – de Paulo Freire está em criar uma situação pedagógico-existencial de fazer perguntas sobre o sentido da vida e como construí-lo ao longo do tempo. Esta não é tarefa apenas individual, nem só coletiva, e não é apenas dos sábios. O sentido da vida se constrói coletivamente, mas mediado pela realidade histórica. A leitura, a escrita, as práticas pedagógicas escolares são um espaço de mediação desta busca de significado, no redemunho da vida.

5. TECNOLOGIAS DA INFORMAÇÃO E DA COMUNICAÇÃO

Certa ocasião, em 1995, na sala da reitoria da PUC-SP, em torno de uma enorme mesa, debruçavam-se sete pessoas para ouvir Paulo Freire dialogar com Seymour Papert – pesquisador do Massachusetts Institute of Technology (MIT), discípulo de Piaget e um dos papas do uso do computador para a aprendizagem das crianças.[27] Os dois conversaram durante uma hora. De tal maneira Papert estava seguro de que as tecnologias trariam novo modo de aprender e fariam uma revolução escolar que Paulo Freire ficou desconfiado.

Reconhecia a importância das tecnologias, mas não era daquela revolução que Freire falava. Não se tratava apenas de criar situações mediadas pela tecnologia para propiciar clima de aprendizagem, como queria Papert.

---

[27] Este debate encontra-se num vídeo: *Paulo Freire e S. Papert, um Debate Sobre as Tecnologias*. TV-PUC-SP.

Até os temas geradores estavam previstos por Papert. A linguagem de computadores que ele desenvolveu no MIT a partir das teorias do *construcionismo*[28] supunha que o aprendiz criasse seus problemas, tivesse sua curiosidade ativada, formasse projetos para sua solução e partilhasse tudo com outros em trocas coletivas de conhecimento, num ambiente mediado por computadores.

O círculo estava fechado. Em coerência com o construtivismo, com a participação dos aprendizes, com a construção coletiva e com a problematização. Mas Paulo Freire viu que alguma coisa não estava clara. Ele sabia que seus princípios sobre o uso das tecnologias estavam ali contemplados, mas de uma maneira incompleta.

> *Esclareça-se, porém, que o desenvolvimento tecnológico deve ser uma das preocupações do projeto revolucionário. Seria simplismo atribuir a responsabilidade por esses desvios à tecnologia em si mesma. Seria uma outra espécie de irracionalismo, o de conceber a tecnologia como uma entidade demoníaca, acima dos seres humanos. Vista criticamente, a tecnologia não é senão a expressão natural do processo criador em que os seres humanos se engajam no momento em que forjam o primeiro instrumento com que melhor transformar o mundo.*[29]

---

[28] "Construcionismo", termo inspirado em Piaget e criado por Papert, é uma teoria que defende que a aprendizagem é construída por meio de programação feita pelas crianças em máquinas inteligentes, basicamente os computadores. A partir de problemas cuja solução possa ser programada, a criança (ou jovem, ou adulto) cria situações de aprendizagem, testando hipóteses, agindo sobre a realidade e expressando-a em forma de linguagem de programação.

[29] Paulo Freire, *Ação Cultural Para a Liberdade e Outros Escritos*. São Paulo: Paz e Terra, 1981; p. 68.

Para Freire, faltava algo naquela apresentação de Papert. Sem a tecnologia não se faz a transformação do homem para um mundo mais democrático e humano. Mas ela sozinha não fará isso. Ao contrário, pode mesmo impedir, se não for guiada intencionalmente por um projeto político-pedagógico que a isso se dedique.

Sabe-se que as tecnologias dos computadores e de comunicação contemporânea não nasceram para democratizar, mas sim para multiplicar a capacidade de cálculo, de armazenar informações em pouco espaço e acelerar a transmissão de dados. Enfim, concentrar informações – por conseguinte, concentrar poder.

No que Papert propunha, havia uma falha de circuito: quais eram os problemas que os alunos traziam? Estavam de algum modo comprometidos com as questões sociais de seu mundo? A espontaneidade dos problemas que os usuários traziam dava margem para que sua "programação" pudesse se ver desconectada do social e do político. Da perspectiva de Freire, faltava a noção de *cultura*, como origem do conhecimento e arsenal de onde se extraem as questões da educação. Na verdade, o conceito de tecnologia fechava-se em si mesmo, desconsiderando que a aprendizagem é sempre situada e que seu significado máximo está no compromisso com a sociedade e não apenas com os saltos individuais cognitivos.

Faltava, enfim, a noção da *intencionalidade*[30] do ato pedagógico.

---

[30] A intencionalidade significa que a atividade da mente se refere a algo (a mente não existe em si mesma), ela contém o objeto e o objeto também a constitui. Esta busca de um pelo outro e a constituição mútua é a intencionalidade. O conteúdo da mente é o mundo; a consciência é a relação da mente com o mundo conhecido – seu objeto intencional.

Muitos têm se perguntado desde então se as tecnologias podem trazer de fato uma revolução – uma revolução que vai da democracia participativa até as participações nas redes de conhecimento. E há muitas perguntas a serem feitas.

Trata-se de uma democratização definitiva do conhecimento? Qualquer um pode aprender em qualquer espaço? A sociedade sem escola finalmente se realiza?

A resposta, claramente, é *não*. O que é verdade para um grupo não será necessariamente o mesmo para todos. Pelo contrário, a ideia de que a tecnologia é para todos leva os excluídos dessa festa a se sentirem (e serem julgados) como responsáveis por sua própria exclusão, seja por inépcia, seja por ignorância.

É Casali quem fala criticamente de um imaginário perverso dos mais sutis deste novo milênio, em que se vê "uma equalização ilusória da humanidade, decorrência da equalização potencial de um grupo de indivíduos em uma parcela de suas vidas no ciberespaço".[31]

Naquele debate de 1995, Paulo Freire insistia com Papert que esta nova cultura tecnológica, embora necessária e humana em sua essência, não poderia estancar a produção de novos oprimidos e excluídos. Além disso, reforçava a pergunta: a serviço de quem estão essas tecnologias?

O mundo está cheio de novas questões, mais facilmente acessíveis graças à tecnologia, mas cujos recursos exigem novas habilidades críticas. A chamada economia do conhecimento é mais sutil que o contexto anterior, da sociedade industrial ou agrária.

---

[31] A. Casali, "A Pedagogia do Oprimido: Clandestina e Universal". Em: Ana Freire (org.), *Pedagogia da Libertação em Paulo Freire*. São Paulo: Editora da Unesp, 2001; p. 19.

Trabalhos imateriais gerados pela miniaturização da tecnologia e pela velocidade de transporte, armazenamento e distribuição geram novas formas de produção e de relacionamento com o capital, assim como entre pessoas, países e regiões.

Estas questões são de caráter profundamente educacional e devem ser objeto de formação de senso crítico e político. Mas o uso das tecnologias na escola nasceu com propostas tecnicistas de resolver pela massificação as questões da aprendizagem – propostas que foram um fracasso. Já Paulo Freire nos dava esperança de resgatar suas potencialidades para a escola, pelo questionamento, pela democratização, pela emancipação digital originada do uso político.

Em 1963, quando tiveram desenvolvimento máximo os círculos de Cultura, desencadeados pelo Ministério da Educação, dizia Freire que haveria 20 mil deles, com a finalidade de aprofundar os conhecimentos dos recém-alfabetizados. A democratização dos círculos exigia a aquisição e uso de tecnologias (projetores de filme e máquina de diapositivos, por exemplo), pela facilidade de difusão num país de tantas e urgentes necessidades.

Mas o tópico da tecnologia começara antes para ele. Na sua tese de doutorado, de 1959, já havia espaço teórico para o uso das tecnologias como forma de democratização do trabalho do educador cultural. Nas conclusões da tese, ele diz que

> *a mudança social, para ter força instrumental, precisa que o processo educacional tenha relação de organicidade com a contextura social. Mais ainda: que esta relação implique um conhecimento crítico da realidade, para que a ela se integre e não apenas se superponha. Já que a sociedade está em trânsito, de uma economia de*

> *caráter complementar para uma economia de mercado, e que passa de formas rigidamente antidemocráticas para formas plasticamente democráticas, a revisão do processo educacional não pode ser parcial, porque é todo ele que está inadequado e é todo ele que a cultura em elaboração precisa.*[32]

Pode-se dizer que as tecnologias fazem parte desta cultura ampla de que fala Freire, assim como autores em que se inspirou, como Álvaro Vieira Pinto. Para eles, o senso comum está frequentemente imbuído de uma consciência primária não esclarecida, que pode ser superada pela visão crítica das relações sociais: por trás da técnica há sempre *outro homem*. Na verdade, a tecnologia é a humanidade adensada; sua construção é fruto de uma longa série histórica de eventos do mundo do trabalho. Sendo a tecnologia trabalho humano condensado, ela é posse de todos. A luta para reapropriar-se dela é um amplo espaço das políticas educacionais.

Esta luta acontece em todos os espaços sociais. O trabalho de Paulo Freire abriu enorme clareira nesta luta. A alfabetização foi sua primeira bandeira –e continua viva, pois ainda em 2008, em torno de 10% dos brasileiros continuam neste estado. Mas, agora sob a bandeira digital, o campo da alfabetização tornou-se uma nova fronteira de luta.

Na verdade, o capitalismo neoliberal e o desenvolvimento de agilidades virtuais do mundo financeiro abriram não uma chance, mas um novo critério de exclusão. E seu antídoto *não* pode ser a inclusão, por incrível que pareça. Porque inclusão, indo à sua raiz etimológica, quer dizer "fechar dentro", *in-claudere*. E

---

[32] *Educação e Atualidade Brasileira*. São Paulo: Cortez, 2002; p. 114.

um método libertador não pode querer fechar dentro, mas sim abrir para todos, o que é muito diferente. O conceito que bem cabe aqui é o de *emancipação*, palavra tão afeita à ideologia freireana.

Emancipar supõe ação do emancipado e ação de libertação conjunta, inspirada pelo aforismo já citado: "ninguém liberta ninguém, mas ninguém se liberta sozinho, os homens se libertam em comunhão".

6. O COMPROMISSO POLÍTICO

Nosso país teve uma escolarização tardia. Desde sempre devemos escolas para nossas crianças e jovens – uma dívida de 500 anos. Pagamos caro por ela, com muitos juros. Ainda vamos pagá-los por alguns anos. Nosso modelo de colonização nos programou para sermos bons faladores, não leitores e escritores. No plano trazido pelos colonizadores, para nós ficaria a produção de açúcar e ouro; para a metrópole, a fruição e produção de cultura resultante de nossos trabalhos. A justificativa eram os altos custos da descoberta a 360 léguas ao oeste de Cabo Verde.

A década de 1990 foi marcada por políticas e investimentos que trouxeram mais de 90% de nossas crianças para o ensino fundamental. Agora estão quase todos na escola. O que faremos com eles? As crianças de nossa escola hoje têm algumas características que não são as da Suécia, Canadá ou da Espanha. Elas vêm entusiasmadas, mas muitos de seus pais não tiveram escolarização completa.[33] Moram em regiões de vida cultural inexistente do ponto de vista de apoio do Estado. Faltam-lhes praças, bibliotecas, cinemas, parques, museus e centros esportivos. A alimentação nem sempre está garantida com o salário dos pais. As mães, em sua quase totalidade, saem para trabalhar por todo o dia. Os filhos de cinco anos tomam conta dos mais novos ou ficam com vizinhos.[34]

No passado – digamos, nos anos 50 do século 20 – o que acontecia? Há 50 anos, nem 60% das crianças estavam na escola. A burguesia tinha, sim, seus filhos nas escolas – e eram escolas públicas. De qualidade, a educação pública formava alunos para as boas universidades. Mas era uma escola para poucos, e "qualidade para poucos não é qualidade, é privilégio".[35]

Na atualidade, com tantas crianças na escola pública, como fazer para ter a qualidade da qual tanto se sente falta? Quando Freire assumiu a secretaria da educação, em 1989, tinha diante de si uma enorme rede de quase 700 escolas, com 30 mil professores. Haja *Pedagogia do Oprimido* para enfrentar essa tarefa! Tudo que ele tinha vivido, pensado e proclamado precisava ser acionado para ajudá-lo a resolver tais problemas e promover educação pública de qualidade. De qualidade *social*, como ele dizia.

---

[33] Um consolo estatístico é que os pais alfabetizados e escolarizados geram filhos com maior rendimento escolar. Ou seja, a próxima geração de escolares já será melhor em desempenho, pois terão seus pais já escolarizados. Mas falta ainda uma geração...

[34] O maior número de mortes de crianças, em 2001, na periferia de São Paulo era por atropelamento!

[35] Como gosta de dizer M. S. Cortella, que substituiu Paulo Freire como secretário municipal de educação, em 1991.

Como ele enfrentou o desafio? Com quatro ideias básicas:

1) Desenvolver a qualidade social de educação, por meio de reorientação curricular;
2) Criar um processo de democracia na gestão;
3) Enfatizar a formação de professores e educadores; e
4) Priorizar um programa de alfabetização.

O que era prioridade em sua gestão era a valorização da prática existente na rede como origem da construção do currículo e do conhecimento libertador dos professores e dos alunos. Chamava este processo de criar o "inédito viável". O currículo[36] é uma elaboração permanente entre educadores e comunidade. Trata-se de uma *reorientação curricular* e não de "mudança do currículo" (como se os currículos anteriores fossem ruins e só agora tivessem se tornado bons). As reorientações curriculares partiriam de temas-geradores discutidos e tomados com os seguintes procedimentos:

1) Levantamento preliminar da realidade local;
2) Escolha de situações significativas;
3) Retirada e seleção dos temas-geradores;
4) Redução temática;
5) Construção das atividades para sala de aula.

Houve muita crítica nesta época com relação a um possível populismo pedagógico e consequente apare-

---

[36] Cabe lembrar que ele vinha de uma experiência de pesquisa na área de Currículo da PUC-SP, no programa de pós-graduação de mesmo nome.

lhamento político de tais metodologias para as frágeis escolas públicas recém-tomadas pelas classes sociais mais carentes. Elas ficariam assim muito politizadas, mas fracas nos conteúdos esperados pelos currículos vigentes.

"A escolha dos 'temas geradores' se dá com base na discussão das possíveis situações significativas, considerando: o limite explicativo que a comunidade possui para tais situações; o entendimento dos(as) educadores(as) sobre elas; a análise e as relações que os(as) educadores(as) estabelecem nas diferentes áreas do conhecimento sobre elas e, como tais temas refletem um contexto amplo da estrutura social."[37]

Os conteúdos estão presentes desde o princípio das reformulações – já que não há forma sem conteúdo, como dizia Aristóteles em sua *Metafísica*. Por mais que haja motivação social e significados para a aprendizagem, *não se aprende sem que haja conteúdos* dessa motivação e dessas significações. De alguma forma se trata do que Freire bem conhecia de seus estudos fenomenológicos: a consciência é sempre consciência de alguma coisa.

O desafio das propostas freireanas não é apenas de encontrar apoio ideológico e conceitual para suas práticas libertadoras e críticas. O mais difícil é achar ou formar quem as opere, pois ela exige muito mais competência criativa e de domínio de conteúdos que os procedimentos convencionais de seguir este ou aquele manual didático. O método crítico é mais exigente e, para cumpri-lo, as faculdades, as formações em serviço, os cursos de pós-graduação deveriam ressignificar seus procedimentos criticamente.

---

[37] Antonio Fernando Gouvêa Silva, "Pedagogia Como Currículo da Práxis". Em: Ana Freire, op. cit.; p. 36.

Paulo Freire fala desta sua experiência no livro *A Educação na Cidade*. Nele, a ênfase é dada à escola como lugar da pergunta, da crítica e da criação. Ali se propõe a construção do conhecimento coletivo, onde se articulam o saber popular e o saber científico, mediados pela experiência do mundo.

Esta afirmação de Paulo Freire apresenta uma nova síntese que não estava ainda presente em sua obra de maneira tão explícita. Ele foi um secretário que duas vezes por semana saía em visitas às escolas conversando com merendeiros, porteiros, alunos, pais e membros da comunidade – além, claro, dos educadores das escolas.

A aproximação das comunidades locais, a curiosidade sobre os saberes dos alunos, a imersão da escola nas críticas sociais não afastaram em nada Freire da universidade e do saber acadêmico. Fez logo nos primeiros meses um acordo com a USP, com a PUC-SP e com a Unicamp para seminários e assessorias nas áreas de linguagem, educação e formação de professores, abrangendo tópicos como interdisciplinaridade e dimensão ética do processo de reorientação curricular, entre outros.

Não se muda a cara da escola por atos de vontade do secretário, dizia ele, e por isso queria ouvir todos da escola. O fato que mais o impressionou era o sem-número de escolas depredadas, com montanhas de carteiras empilhadas, paredes sujas, portas destruídas, vidros quebrados. Queria implantar uma ética na escola, intimamente ligada à estética. Precisava mudar sua cara para mudar sua alma.

Seus objetivos e eixos diretores, anunciados no *Diário Oficial*, foram os seguintes: "A qualidade dessa escola deverá ser medida não apenas pela quantidade de conteúdos transmitidos e assimilados, mas igualmente pela solidariedade de classe que tiver construído, pela possibilidade que todos os usuários de escola – incluindo pais e comunidade – tiverem de utilizá-la como um espaço para a elaboração de sua cultura".[38]

Sobre a construção, reconstrução e reorientação do currículo, característicos de seu pensamento, restam muitos impactos, até hoje marcantes. Muitos valores se perenizaram em práticas e conceitos. Por exemplo, o levantamento das "expectativas de aprendizagem" (de 2007) guarda princípios de consulta aos professores de todas as Diretorias, assim como a articulação deste trabalho com assessores de universidades e depois a discussão com os professores nas escolas, para validá-los. O sistema de ciclos é outro exemplo.[39]

---

[38] *Educação na Cidade*. São Paulo: Cortez, 2006; p. 17.

[39] Hoje o sistema de ciclos é aplicado em quase todo o país, mas não no mesmo sentido que Freire implantou.

7. DOZE ANOS DEPOIS (1997-2009)

A crítica que Paulo Freire fazia sobre a organização da sociedade e da sua economia provavelmente em nada teria mudado hoje, mesmo que o modelo capitalista tenha feito aparentes ajustes para prolongar sua hegemonia do mundo.

Sobre o tema da globalização, dizia ele:

> *O discurso da globalização que fala da ética esconde, porém, que a sua é a ética do mercado e não a ética universal do ser humano, pela qual devemos lutar bravamente se optamos, na verdade, por um mundo de gente. O discurso da globalização astutamente oculta ou nela busca penumbrar a reedição intensificada ao máximo, mesmo que modificada, da medonha malvadez com que o capitalismo aparece na História. O discurso ideológico da globalização procura disfarçar que ela vem robustecendo a riqueza de uns poucos e verticalizando a pobreza e a miséria de milhões. O sistema alcança no*

neoliberalismo globalizante o máximo de eficácia de sua malvadez intrínseca.[40]

Mais de uma década depois de sua morte, temos uma sociedade muito diversa daquela que propiciou o nascimento de seu pensamento. Os problemas, no entanto, têm essencialmente a mesma origem: a má distribuição de renda, que diminui, mas segue visceral na sociedade brasileira.

Daí decorrem outras mazelas como a fraqueza do estado democrático mais pleno, que se manifesta em forma de corrupção em todos os setores dos governos; a endemia das organizações sociais; a pouca participação popular nas lutas pelos seus direitos; e a violência que grassa nas cidades e no campo.

Por outro lado, diminuem as diferenças sociais entre as classes C e D, graças a mecanismos de distribuição, ora promovidos por assistências governamentais, ora por divisão de renda exigida pelo próprio sistema, que necessita formar mais consumidores para seus produtos. Há inúmeras ações políticas e econômicas que fazem diferença: a TV em todos os lares (97%), o acesso a créditos populares, as bolsas-família, o acesso à telefonia, o alto índice de escolarização nas escolas públicas (cerca de 93% só no ensino fundamental), a possibilidade de três refeições diárias para famílias que há pouco viviam abaixo do limite da pobreza, o aumento da expectativa de vida (na cidade e no campo), o acesso a cursos universitários para camadas baixas da população, a qualidade de vida sensivelmente melhor para a população campesina.

---

[40] *Pedagogia de Autonomia*. São Paulo: Paz e Terra, 1997; p. 144.

Se estudarmos os índices de melhoria de cada um desses pontos, veremos que se trata quase de outro país, comparado com a década de 50 do século 20, quando Paulo Freire configurou suas ideias. E isso tudo sem alterar estruturalmente o modo de produção e distribuição da riqueza. As mazelas continuam estruturantes, mas a manifestação de suas contradições se mitiga – e torna-se consequentemente mais difícil verificar suas injustiças e falsidades.

Como as suas nuances se alteram dia a dia, os instrumentos de desenvolvimento do senso crítico exigem mais refinamento da análise. Vale dizer que Paulo Freire é mais necessário do que nunca. Mas um Paulo Freire *reinventado*, como ele mesmo queria.

A questão então é como reinventá-lo, quando as questões se encapsulam em novas formas. Os mitos continuam a conduzir esta história recente, como ele mesmo diria: "Daí que os opressores desenvolvam uma série de recursos por meio dos quais propõem à 'admiração' das massas conquistadas e oprimidas um falso mundo. Um mundo de engodos que, alienando-as mais ainda, as mantenha passivas em face dele. Daí que, na ação da conquista, não seja possível apresentar o mundo como problema, mas como algo dado, como algo estático a que os homens devem se ajustar".[41]

O desejo de inserção das massas na escola e a ampliação do conceito de educação, como algo que se encontra em toda a parte e ao longo da vida, deixam claro que todas as estruturas sociais são espaços do conhecimento. E isso só se exacerba com a entrada do Brasil mais pesadamente no modelo globalizado ou pós-globalizado. A globalização traz consigo o neoli-

---

[41] *Pedagogia do Oprimido*; p. 163.

beralismo. Neste caudal ideológico-econômico, a educação escolar se aparelha. Os financiamentos nacionais e internacionais à educação (FNDE, BNDES, Banco Mundial, BID) norteiam-se, afinal, pelos princípios da globalização neoliberal.

O ingresso do país nas novas regras "éticas" das leis do mercado autorregulatório tem de ser feito pela criação de um mercado concorrencial competitivo, que exige alfabetização para todos, ampliação da educação básica, maior acesso ao ensino médio e técnico, e, inversamente, uma universidade esvaziada de pesquisa.

Este encapsulamento da escola na era global, que adia ou disfarça suas questões de fundo, seria tratado por Freire num contexto de denúncia contra a violência de classe – violência *contra a classe social que vive na escola*, cada vez maior. Dizia que se trata de uma luta diluída: "No caso de luta e não de guerra as formas táticas variam em função da orientação política a que eles se submetem. Daí que, na luta de classes, possamos ter momento de pacto, de alianças etc. Na guerra não, a grossura é total".[42]

Os interesses mercantis chegam aos setores mais íntimos da educação. Por exemplo, os sistemas nacionais de avaliação, tão necessários, muitas vezes nascem de pressões pela criação de indicadores que favoreçam a liberação de verbas para programas de formação ou de investimentos. Tudo isso leva a uma distorção discreta, mas eficaz da autonomia da educação em pautar suas prioridades e finalidades. Sem negar a necessidade de comparar os resultados concretos da educação escolar – afinal, é um ato de de-

---

[42] Freire, Gadotti e Guimarães, *Pedagogia – Diálogo e Conflito*. São Paulo: Cortez, 1985; p. 92.

mocracia a prestação de contas dos gastos de recursos públicos –, será a finalidade do educador brasileiro ter alunos com índices de conhecimento iguais aos da Finlândia?

Do início ao fim de sua obra, Paulo Freire sustenta a utopia e a esperança como bandeiras e tarefas da pedagogia. A utopia implica denúncia das injustiças e dos desumanismos da sociedade, mas também o anúncio de uma nova sociedade possível: justa, democrática e livre.

A denúncia contra o sistema global é fundamental, para que seus encantos não nos tornem cegos às promessas descumpridas da história. Por outro lado, a crítica será insuficiente se não for também ato de anúncio de uma sociedade nova. A educação é uma das formas, métodos e espaços onde este anúncio pode se construir.

Paulo Freire é um contraponto completamente atual à ideologia do cartão de crédito, metáfora deste sistema. Os sistemas de crédito fácil criam a presentificação absoluta de todos os sonhos. Nada existe que não se consiga já, para pagar em até 24 vezes. Compra-se cidadania em troca do crédito. Mas esta bolha crediária estoura com facilidade e sem avisar – como se viu na crise dos mercados que estourou ao fim do governo G. W. Bush, em 2008.

O que se confronta com isso? Freire defende que o homem é um ser inconcluso e consciente desta inconclusão. Será tarefa da educação apoiá-lo neste permanente movimento de busca do "ser-mais":

> *Ninguém pode ser, autenticamente, proibindo que os outros sejam. Esta é uma exigência radical. O ser-mais que se busque no individualismo conduz ao ter-mais egoísta, forma de ser menos. De desumanização. Não*

que não seja fundamental – repitamos – ter para ser. Precisamente porque é, não pode o ter de alguns converter-se em obstaculização ao ter dos demais, robustecendo o poder dos primeiros, com o qual esmagam os segundos na sua escassez de poder.[43]

Freire sempre defendeu que há algo além do interesse imediato do indivíduo. Esta é uma sensação de transcendência: um espaço interior de superação constante de nós mesmos e da circunstância unidimensional do agora.

O além é o eu que ainda não sou: o outro que não se desvela no primeiro encontro, mas que me "curioseia": é o não conhecido que nunca virá. Mas que existe simplesmente no meu desejo: o de que possa existir em minha imaginação criativa. E no meu desejo esperançado.

Esta perspectiva dirige o cidadão a dimensões para além do mecanicismo imediatista de obtenção de resultados. Numa conferência na Universidade da Pensilvânia, em 1992, sobre as Universidades Católicas, Freire afirmava que as relações contraditórias entre mundanidade e transcendência só são possíveis se estivermos dispostos a fazer esta ponte. Para se chegar lá, será preciso passar por aqui, pelo tempo-espaço mundano. Mas é a transcendência que nos move.

A compreensão cristã dos "seres humanos como seres históricos, finitos, inconclusos, mas conscientes de sua inconclusão, os faz reconhecer homens e mulheres como seres inseridos em permanente busca e como seres que se fazem e refazem socialmente na busca que fazem. E como ninguém busca no vazio, mas num con-

---

[43] *Pedagogia do Oprimido*; p. 86.

texto tempo-espacial, quem busca é tão marcado pelas condições em que busca quanto quem faz travessia é atravessado pelo tempo-espaço que atravessa".[44]

A ética e a estética, para ele, são como um "para-além" do conhecimento, contraposto à presentificação paralisante do capital, dos títulos de posse, do contato telefônico imediato, da acessibilidade veloz e acachapante de todos os dados, da "googlevização" das informações, que substituem o tempo da sabedoria.

Se Paulo Freire encantou a tantos foi porque continuamente instava todos a buscarem com indignação, mas com tenacidade, a "desocultação" das sempre novas sutilezas humanas. A educação, a política, a ética, a comunhão, o amor às palavras foram suas rotas.

"Qual herança que quero deixar?", perguntava-se, numa entrevista. "Exatamente uma. Penso que poderá ser dito quando já não esteja no mundo: Paulo Freire foi um homem que amou. Ele não podia compreender a vida e a existência humana sem amor e sem a busca do conhecimento. Paulo Freire viveu, amou e tentou saber. Por isso mesmo foi um ser constantemente curioso. É isso o que espero que seja a expressão de minha passagem pelo mundo, mesmo quando tudo o que tenha dito e escrito sobre educação possa haver mergulhado no silêncio."[45]

---

[44] *Política e Educação*. 8ª ed. Indaiatuba: Villa das Letras, 2007; p. 114.
[45] *Educação na Cidade*; p. 140.

8. DOZE DESTAQUES DE SUA OBRA

1. PEDAGOGIA DO OPRIMIDO (1968)

Escrito no Chile, é um texto que retoma sua experiência de alfabetização no Brasil, agora mais amadurecida pelas reflexões e práticas em novos trabalhos na América Latina. O prefácio de Ernani Fiori é uma peça que faz parte intrínseca do texto de Freire, pela iluminação que faz da obra, destacando temas centrais, sintetizando e estimulando a leitura.

Pedagogia do Oprimido é sua obra mais importante, que espalha suas ideias fundantes: conscientização, educação bancária, concepção problematizadora da educação e humanização, e metodologia de investigação dos temas geradores. A grande moldura do livro é a metodologia da alfabetização como ato de conscientização: "alfabetizar é conscientizar".

2. *EDUCAÇÃO E ATUALIDADE BRASILEIRA (1959)*

Tese de concurso público para a cadeira de História e Filosofia da Educação de Belas Artes de Pernambuco. Aqui se encontra presente, pela primeira vez, a ideia de uma escola democrática, centrada no educando e na problemática da comunidade em que este vive e atua; uma escola que, através de uma nova prática pedagógica, seja capaz de provocar no aluno a transição de sua consciência mágico-ingênua para a consciência crítica, fomentadora de transformações sociais.

Com alguns retoques, esta tese foi publicada, posteriormente, sob o título *Educação Como Prática da Liberdade*, vindo a constituir-se na primeira grande obra de Paulo Freire.

3. *EDUCAÇÃO COMO PRÁTICA DA LIBERDADE (1965)*

Publicada em 1965, durante o seu exílio no Chile, somente em 1967 foi editada no Brasil, pela Paz e Terra, responsável pela publicação da maior parte de seus livros. O livro contém em suas orelhas um comentário de Pierre Furter e um poema do amazonense Thiago de Mello, "Canção Para os Fonemas da Alegria". O prefácio é de Francisco C. Weffort.

A obra propõe uma prática dialógica e antiautoritária. Enfatiza uma ação pedagógica para a liberdade, cuja viabilização só será possível em uma sociedade com condições sociais, políticas e econômicas favoráveis.

4. EDUCAÇÃO E CONSCIENTIZAÇÃO: EXTENSIONISMO RURAL (1968)

Livro em colaboração com Ernani Maria Fiori, José Luiz Fiori e Raul Veloso Farias. O grupo era coordenado por Freire e tinha como objetivo investigar os temas geradores do assentamento de camponeses da localidade de El Recurso, nas cercanias da capital chilena. Baseando-se em um texto provisório acerca do método e da fundamentação teórica da investigação temática, este trabalho foi realizado para a Corporação de Reforma Agrária.

5. CARTAS A GUINÉ-BISSAU REGISTROS DE UMA EXPERIÊNCIA EM PROCESSO (1977)

Esta obra relata a experiência de Freire e de sua equipe em um programa de educação de adultos capaz de servir aos planos de reconstrução nacional da Guiné-Bissau logo após a proclamação de sua independência do domínio português. Além de uma longa introdução, contém cartas endereçadas ao ministro Mário Cabral.[46] O enfoque principal da obra é de que a ajuda verdadeira é aquela em que os envolvidos nela se ajudem mutuamente, crescendo assim no esforço comum de conhecer a realidade opressora.

---

[46] Mario Cabral, ministro da Educação de Guiné-Bissau, foi quem, em 1975, convidou Paulo Freire para colaborar com o programa de alfabetização daquela ex-colônia de Portugal, agora liberta.

6. CONSCIENTIZAÇÃO: TEORIA E PRÁTICA DA LIBERTAÇÃO (1980)

Rica coletânea de seu pensamento em diferentes momentos, abordando temas variados. Todos estão ligados à grande perspectiva freireana da alfabetização como leitura do mundo, em sua mais profunda dimensão filosófica e prática. Escolhidos entre artigos, conferências e apresentações em várias línguas, extratos significativos de seu pensamento e de sua vida foram agrupados em formato que garantisse sua característica dialética de ação e reflexão. É um livro poético dele, por ele e para todos.

7. A IMPORTÂNCIA DO ATO DE LER (EM TRÊS ARTIGOS QUE SE COMPLETAM) (1982)

Primeiro volume publicado no Brasil após o retorno de 15 anos de exílio. Nele, Paulo Freire reafirma seu compromisso com a recuperação da humanidade do oprimido, em três reflexões: uma palestra sobre a importância do ato de ler; uma comunicação sobre as relações da biblioteca popular com a alfabetização de jovens e adultos; e um artigo em que expõe a experiência da alfabetização de adultos por ele e sua equipe em São Tomé e Príncipe.

8. A EDUCAÇÃO NA CIDADE (1991)

Coletânea de entrevistas que registra a experiência política e administrativa de Paulo Freire como secretário municipal de Educação da cidade de São Paulo (1989-91). Os textos mencionam o modelo político-pedagógico traçado, inspirado na noção de escola pública popular, seus objetivos e os instrumentos para implementá-lo, tais como: reparo e restauração de edifícios e bancos escolares, gestão democrática da escola, reorientação curricular e a criação do Movimento de Jovens e Adultos de São Paulo, o MOVA.

9. PEDAGOGIA DA ESPERANÇA: UM REENCONTRO COM A PEDAGOGIA DO OPRIMIDO (1992)

Neste livro, Paulo Freire continua o diálogo iniciado na *Pedagogia do Oprimido*. A reflexão sobre as condições dos oprimidos – identificados primeiramente no contexto do Nordeste brasileiro e nos limites da América do Sul – é ampliada por diversos países africanos e incorpora discussões com camponeses, indígenas, operários, guerrilheiros, acadêmicos, ministros e chefes de Estado. A esperança crítica é a tônica para a luta em prol da transformação do mundo.

10. PROFESSORA SIM, TIA NÃO: CARTAS A QUEM OUSA ENSINAR (1993)

Paulo Freire fala aqui diretamente às professoras e aos professores sobre as lições aprendidas enquanto educador e pensador social. Debate implicações da prática em sala de aula e as teorias pioneiras encontradas em *Pedagogia do Oprimido*.

Dentre os livros de Paulo Freire, esse é o que discute com maior clareza política a questão do ser professor. É nessa obra que ele revela a armadilha ideológica da denominação "tia" (para a professora) e provoca a reflexão necessária para a construção de uma escola democrática comprometida com a transformação social.

11. PEDAGOGIA E AUTONOMIA (1997)

Último livro dele publicado em vida. Paulo Freire apresenta propostas de práticas pedagógicas necessárias à educação como forma de construir a autonomia dos educandos, valorizando e respeitando sua cultura e seu acervo de conhecimentos empíricos, asssim como sua individualidade.

A reunião de experiências transformadas em pensamentos busca a integração do ser humano e a investigação de novos métodos por meio da valorização da curiosidade dos educandos e educadores; condena a ética voltada aos interesses capitalistas e neoliberais, que deixam os menos favorecidos à margem do processo de socialização e politização.

12. À SOMBRA DESTA MANGUEIRA (2001)

Nesta obra, Freire recoloca a discussão da educação formadora e transformadora no cerne do cenário da sociedade neoliberal. Articulando os principais conceitos que orientam sua concepção de educação como prática libertadora – historicidade, dialogicidade, gestão democrática, esperança e ética –, propõe uma reflexão sobre o contexto político, cultural, social e econômico da nova sociedade de inovações tecnológicas, repondo-as na direção de objetivos reais e justos da existência humana.

OBRAS SOBRE PAULO FREIRE

Há literalmente milhares de obras falando diretamente de seu pensamento ou do impacto de sua obra em diversos setores da cultura, da economia, da saúde, da psicologia, da agricultura, da docência (em muitas disciplinas), das políticas públicas, das tecnologias da comunicação, da antropologia ou dos processos cognitivos. A maior pesquisa feita até agora sobre tais trabalhos encontra-se no livro *Paulo Freire: Uma Biobibliografia,* de Moacir Gadotti (1996).

O Instituto Paulo Freire (www.paulofreire.org) é uma referência para a obra de Paulo Freire, assim como também a produção da Cátedra Paulo Freire (www.pucsp.br/paulofreire), coordenada por Ana Maria Saul e desenvolvida desde 1998, com estudos e pesquisas na área de pós-graduação em Educação: Currículo da PUC-SP, onde Paulo Freire lecionou até seus últimos dias.

ATUALIDADE DE PAULO FREIRE

Ao final desse apanhado, cabe fazer uma pergunta, no espírito do próprio Paulo Freire: mudou *concretamente* alguma coisa na educação do Brasil a partir dos seus trabalhos e suas ideias? Sua influência ainda perdura?

Suas contribuições continuam, sim, até hoje e se substantivam em três dimensões:

1) Criação de *novas políticas públicas*;
2) Construção de *projetos políticos pedagógicos nas escolas*; e
3) Vivências das *práticas de sala de aula.*

As políticas públicas estão fortemente marcadas, por exemplo, pelo seu conceito de avaliação em ciclos – o que visava reduzir a expulsão escolar dos jovens de classes carentes, pela repetência continuada. Segundo Freire, eles necessitam de outro ritmo para se adaptar à cultura escolar. Os ciclos ainda são uma referência em todas as secretarias de Educação do Brasil.[47]

Para além disso, as determinações da Lei de Diretrizes e Bases da Educação Brasileira têm inspiração em seu pensamento democrático, quando propõem a construção de planos municipais, estaduais e nacional de educação, como forma de aplicação das leis a partir de ampla consulta social, não apenas nas redes públicas, mas também nas ONGs, nos movimentos populares,

---

[47] Sua aplicação se iniciou no município de São Paulo, sob sua gestão em 1991. Depois de 18 anos de sua aplicação, muitas experiências são feitas, mas nem todas segundo sua proposta, o que faz levar erroneamente, para muitas redes, a uma espécie de aprovação continuada.

nos partidos, nos sindicatos e igrejas – enfim, na sociedade civil organizada.[48]

Hoje, nenhuma unidade escolar inicia suas atividades sem que o projeto político pedagógico (PPP) esteja disponível, planejado e explicitado. O chamado PPP é uma peça fundamental para a gestão, avaliação e divulgação dos produtos e dos êxitos de uma escola. Os planejamentos se integram entre áreas, ligando a escola, cada vez mais, aos temas da comunidade local. As ciências, a literatura, a matemática etc. se articulam com o saber universal, sem deixar de incorporar as contingências locais.

Paulo Freire deixou este legado, uma forma de superar o que ele tanto criticou: a educação "bancária", que desconsidera o saber e a realidade vivida pela comunidade e considera a cabeça dos alunos apenas como uma caixa de depósito de conhecimentos estranhos, descolados da realidade vivida.

As ideias de Paulo Freire vão até o mais íntimo da sala de aula. Os professores preparam suas aulas levando em conta *o que os alunos sabem*. Eles não são mais elementos vazios, tornam-se um ponto de partida de toda aprendizagem. Os exemplos, os problemas, a finalidade da aprendizagem nascem do que é o aluno concreto. E sem ensino não há aprendizagem, pois afinal "ninguém ensina ninguém, mas ninguém aprende sozinho. Os homens aprendem mutuamente mediatizados pela realidade".

---

[48] Apesar de termos tantos anos passados da LDB, que data de 1996, muitos estados e municípios ainda não elaboraram seus Planos de Educação. A dificuldade de mobilizar a sociedade em torno de pacto educativo é enorme e pode mesmo revelar incompetência de seus dirigentes. Seus Planos seriam uma forma de evidenciar lacunas, propor novas linhas democráticas e selar compromissos de mais amplo espectro.

Assim, o trabalho de Paulo Freire também marca muito os princípios correntes de formação rigorosa, comprometida e amorosa do professor, pois não há faculdade de educação ou de formação de professores que não tenha em conta sua obra.

CRONOLOGIA

1918 – Fim da Primeira Guerra Mundial (1914-1918). No Brasil, o governo central era conservador. O Nordeste vivia imerso em mundo agrário com extrema dependência da cana-de-açúcar, principal riqueza de Pernambuco. Altos investimentos eram garantidos em forma de energia, gás ou saneamento para as cidades, pela exportação de café e da cana. Mas tal modernização não alcançava as camadas populares, cerca de 70% da população, que vivia em situação muito precária. É neste contexto social que Paulo Freire nasce. Do outro lado do mundo, a revolução russa de 1917 enche muita gente de esperanças que novas ideias e modelos sociais, econômicos e políticos possam reorientar o Brasil.

1921 – Nasce em Recife, no dia 19 de setembro. De pai militar e mãe costureira, viveu infância regulada por carência nas cidades, com início de migrações dos trabalhadores do campo.

1927 – Entra, já alfabetizado, para a escolinha particular da professora Eunice Vasconcelos. A Mestra, sempre citada, o marcará até o fim da vida.

1929 – Grande crise mundial que abalará a economia brasileira montada na monoagricultura. Pernambuco vai ser muito tocado pela depressão mundial, o que marca diretamente a vida de sua família.

1931 – Mudança para Jaboatão do Guararapes, palco histórico da resistência contra o dominador holandês nas batalhas de 1648 e 1649, no Monte dos Guararapes – berço da nacionalidade brasileira, segundo seus habitantes. O município ficará conhecido como "moscouzinho", por ter sido o primeiro município brasileiro a eleger um prefeito comunista, em 1947.

1934 – Morte do pai quando Paulo está com 13 anos. Sua história muda muito, pois o contexto mundial e a viuvez de sua mãe, com quatro filhos para criar, provocam agruras econômicas. Paulo tem de sair da sua escola.

1937-42 – Cursa o Ensino Secundário no Colégio Osvaldo Cruz, do Recife, onde terá seu primeiro emprego, em 1941, como professor de língua portuguesa.

1943 – Ingressa na Faculdade de Direito do Recife.

1947 – Assume a Diretoria de Educação e Cultura do Sesi-PE; será seu diretor superintendente de 1954 até 1956.

1960 – Defende tese (*Educação e Atualidade Brasileira*) e obtém o título de doutor em Filosofia e História da Educação.

1960 – Recebe o título de Professor Efetivo de Filosofia e História da Educação da Universidade do Recife.

1962 – Torna-se o primeiro Diretor do Serviço de Extensão Cultural da Universidade do Recife.

1963 – Realiza a Experiência de Alfabetização de Angicos/RN. O presidente João Goulart visitará pessoalmente o experimento.

1964 – Em abril, o golpe militar extingue o Programa Nacional de Alfabetização. Paulo Freire é preso em Recife. Em setembro, parte para a Bolívia, mas devido a problemas de saúde e temendo as consequências de golpe militar, segue em novembro para o Chile.

1967/68 – Escreve no Chile o livro *Pedagogia do Oprimido.* Naquele país, se aplicam em todos os programas oficiais o método Paulo Freire, o que permite ao Chile reduzir a quase zero sua taxa de analfabetismo.

1969 – Muda-se para Cambridge, Massachussetts, EUA (onde fica a Universidade de Harvard).

1970 – Transfere-se para Genebra, Suíça, para trabalhar a chamado do Conselho Mundial das Igrejas.

1979 – Obtém seu primeiro passaporte brasileiro e visita São Paulo, Rio de Janeiro e Recife.

1980 – Retorna ao Brasil; leciona na PUC/SP e na Unicamp.

1982 – Publica *A Importância do Ato de Ler em Três Artigos Que se Completam*, livro que merecerá, em julho de 1990, o "Diploma de Mérito Internacional", concedido pela International Reading Association, na Suécia.

1986 – Recebe o Prêmio Unesco da Educação para a Paz.

1989 – Assume o cargo de Secretário de Educação da cidade de São Paulo.

1991 – Afasta-se da Secretaria Municipal de Educação de São Paulo para escrever livros. Volta a lecionar na PUC/SP.

1988/1997 – Escreve os livros *Pedagogia da Esperança, Cartas a Cristina: Reflexão Sobre a Minha Vida e Minha Práxis, Professora Sim, Tia Não: Cartas a Quem Ousa Ensinar, Política e Educação, À Sombra Desta Mangueira* e *Pedagogia da Autonomia,* além de outros com diversos educadores e inúmeros artigos e conferências.

1997 – Morre em São Paulo, no dia 2 de maio, vítima de um infarto do miocárdio.

1988

BIBLIOGRAFIA E *SITES*

BIBLIOGRAFIA UTILIZADA

Fernando José de Almeida, *Computador, Escola e Vida*. São Paulo: Cubzac, 2007.

______, *L'enseignement Secondaire à L'échelle Mondiale: Bilans et Perspectives*. Em N. Bottani et alli. Unesco/Université de Géneve, 2005.

Ester Buffa e Paulo Nosella, *A Educação Negada*. 2.ed. São Paulo: Cortez Editora, 1997.

Ana Chiummo, *Consciência Política e Cidadania na Alfabetização e na Inclusão - A Experiência da Rede Municipal de Ensino da Cidade de São Paulo*. Tese de Doutorado em Educação: Currículo. Pontifícia Universidade Católica de São Paulo, 2004.

Jarina Rodrigues Fernandes, *O Computador na Educação de Jovens e Adultos: Sentidos e Caminhos*. Dissertação de Mestrado em Educação: Currículo. Pontifícia Universidade Católica de São Paulo, 2005.

Monica Gardelli Franco, *A Apropriação das Tecnologias da Informação e Comunicação por Jovens e Adultos Não Alfabetizados – Um Direito Humano a Ser Garantido. As Diretrizes da Unesco*. Tese de Doutorado. Pontifícia Universidade Católica de São Paulo, 2009

Ana Maria Freire (org.), *A Pedagogia da Libertação em Paulo Freire*. São Paulo: Editora da Unesp, 2001.

Paulo Freire, *Ação Cultural Para a Liberdade e Outros Escritos*. São Paulo: Paz e Terra, 1981.

______, *Conscientização – Teoria e Prática*. São Paulo: Centauro, 2008.

______, *Sobre Educação: Lições de Casa*. São Paulo: Paz e Terra, 2008.

______, *A Educação na Cidade*. São Paulo: Cortez, 2006.

______, *Educação e Atualidade Brasileira*. São Paulo: Cortez; Instituto Paulo Freire, 2002.

______, *À Sombra Desta Mangueira*. São Paulo: Olho D'água, 1995.

______, *Cartas a Guiné-Bissau*. São Paulo: Paz e Terra, 1984.

______, *Conscientização*. São Paulo: Ed. Moraes, 1980.

______, *Educação e Mudança*. Rio de Janeiro: Paz e Terra, 1987.

______, *Pedagogia da Autonomia*. São Paulo: Paz e Terra, 1997.

______, *Pedagogia da Esperança*. São Paulo: Paz e Terra, 1994.

______, *Pedagogia do Oprimido*. Rio de Janeiro: Paz e Terra, 1975.

______, *Política e Educação*. Indaiatuba: Villa das Letras, 2007.

Moacir Gadotti, *Paulo Freire, uma Biobibliografia*. São Paulo: Cortez; Instituto Paulo Freire, 1996.

Becky Henriette Gonçalves, *O Uso do Computador, a Alfabetização e Pós-Alfabetização – O Que Dizem Educandos do MOVA*. Dissertação de Mestrado. Universidade Federal de São Carlos, 2007.

Gilberta S. de N. Januzzi, *Confronto Pedagógico: Paulo Freire e Mobral*. São Paulo: Editora Cortez & Moraes, 1979.

Álvaro Vieira Pinto, *O Conceito de Tecnologia*. Rio de Janeiro: Contraponto Editora, 2005.

Ana Maria Saul (org.), *Paulo Freire e a Formação de Educadores: Múltiplos Olhares*. São Paulo: Ed. Articulação Universidade Escola, 2000.

Streck et alli (org.). *Dicionário Paulo Freire*. Belo Horizonte: Autêntica, 2008.

Jaime J. Zitkoski, *Paulo Freire e a Educação*. Belo Horizonte: Autêntica, 2006.

SITES

Cátedra Paulo Freire da PUC-SP dentro do Programa de Estudos Pós-graduados em Educação: Currículo, onde Paulo Freire lecionou desde seu retorno ao Brasil até sua morte. www.pucsp.br/paulofreire/

Instituto Paulo Freire em São Paulo. www.paulofreire.org

Além dos estudos, *links* e pesquisas, o *site* da Universidade Federal da Paraíba apresenta-se como Biblioteca Virtual Paulo Freire. www.paulofreire.ufpb.br

Centro de Estudos Paulo Freire, abrigado no Centro de Educação da UFPE, em Recife. www.paulofreire.org.br

SOBRE O AUTOR

Fernando José de Almeida é doutor em Tecnologia da Educação pela PUC-SP, onde leciona no programa de pós-graduação em Currículo. Foi Secretário da Educação da cidade de São Paulo (2001-02) e atualmente é vice-presidente da TV Cultura.

FOLHA
EXPLICA

Folha Explica é uma série de livros breves, abrangendo todas as áreas do conhecimento e cada um resumindo, em linguagem acessível, o que de mais importante se sabe hoje sobre determinado assunto.

Como o nome indica, a série ambiciona *explicar* os assuntos tratados. E fazê-lo num contexto brasileiro: cada livro oferece ao leitor condições não só para que fique bem informado, mas para que possa refletir sobre o tema, de uma perspectiva atual e consciente das circunstâncias do país.

Voltada para o leitor geral, a série serve também a quem domina os assuntos, mas tem aqui uma chance de se atualizar. Cada volume é escrito por um autor reconhecido na área, que fala com seu próprio estilo. Essa enciclopédia de temas é, assim, uma enciclopédia de vozes também: as vozes que pensam, hoje, temas de todo o mundo e de todos os tempos, neste momento do Brasil.

1 MACACOS — Drauzio Varella
2 OS ALIMENTOS TRANSGÊNICOS — Marcelo Leite
3 CARLOS DRUMMOND DE ANDRADE — Francisco Achcar
4 A ADOLESCÊNCIA — Contardo Calligaris
5 NIETZSCHE — Oswaldo Giacoia Junior
6 O NARCOTRÁFICO — Mário Magalhães
7 O MALUFISMO — Mauricio Puls
8 A DOR — João Augusto Figueiró
9 CASA-GRANDE & SENZALA — Roberto Ventura
10 GUIMARÃES ROSA — Walnice Nogueira Galvão
11 AS PROFISSÕES DO FUTURO — Gilson Schwartz
12 A MACONHA — Fernando Gabeira

13 O PROJETO GENOMA HUMANO — Mônica Teixeira
14 A INTERNET — Maria Ercilia e Antônio Graeff
15 2001: UMA ODISSEIA NO ESPAÇO — Amir Labaki
16 A CERVEJA — Josimar Melo
17 SÃO PAULO — Raquel Rolnik
18 A AIDS — Marcelo Soares
19 O DÓLAR — João Sayad
20 A FLORESTA AMAZÔNICA — Marcelo Leite
21 O TRABALHO INFANTIL — Ari Cipola
22 O PT — André Singer
23 O PFL — Eliane Cantanhêde
24 A ESPECULAÇÃO FINANCEIRA — Gustavo Patú
25 JOÃO CABRAL DE MELO NETO — João Alexandre Barbosa
26 JOÃO GILBERTO — Zuza Homem de Mello
27 A MAGIA — Antônio Flávio Pierucci
28 O CÂNCER — Riad Naim Younes
29 A DEMOCRACIA — Renato Janine Ribeiro
30 A REPÚBLICA — Renato Janine Ribeiro
31 RACISMO NO BRASIL — Lilia Moritz Schwarcz
32 MONTAIGNE — Marcelo Coelho
33 CARLOS GOMES — Lorenzo Mammì
34 FREUD — Luiz Tenório Oliveira Lima
35 MANUEL BANDEIRA — Murilo Marcondes de Moura

36 MACUNAÍMA	Noemi Jaffe
37 O CIGARRO	Mario Cesar Carvalho
38 O ISLÃ	Paulo Daniel Farah
39 A MODA	Erika Palomino
40 ARTE BRASILEIRA HOJE	Agnaldo Farias
41 A LINGUAGEM MÉDICA	Moacyr Scliar
42 A PRISÃO	Luís Francisco Carvalho Filho
43 A HISTÓRIA DO BRASIL NO SÉCULO 20 (1900-1920)	Oscar Pilagallo
44 O MARKETING ELEITORAL	Carlos Eduardo Lins da Silva
45 O EURO	Silvia Bittencourt
46 A CULTURA DIGITAL	Rogério da Costa
47 CLARICE LISPECTOR	Yudith Rosenbaum
48 A MENOPAUSA	Silvia Campolim
49 A HISTÓRIA DO BRASIL NO SÉCULO 20 (1920-1940)	Oscar Pilagallo
50 MÚSICA POPULAR BRASILEIRA HOJE	Arthur Nestrovski (org.)
51 OS SERTÕES	Roberto Ventura
52 JOSÉ CELSO MARTINEZ CORRÊA	Aimar Labaki
53 MACHADO DE ASSIS	Alfredo Bosi
54 O DNA	Marcelo Leite
55 A HISTÓRIA DO BRASIL NO SÉCULO 20 (1940-1960)	Oscar Pilagallo

74 JUNG — Tito R. de A. Cavalcanti

75 O AQUECIMENTO GLOBAL — Claudio Angelo

76 MELANIE KLEIN — Luís Claudio Figueiredo e Elisa Maria de Ulhôa Cintra

77 TOM JOBIM — Cacá Machado

78 MARX — Jorge Grespan

79 ROBERTO CARLOS — Oscar Pilagallo

80 DARWIN — Marcelo Leite

81 PAULO FREIRE — Fernando José de Almeida

Este livro foi composto nas fontes
Bembo e Geometric 415 e impresso em
agosto de 2009 pela gráfica RR Donnelley,
sobre papel offset 90 g/m².